面向 21 世纪课程教材
普通高等教育艺术设计专业"十二五"规划教材

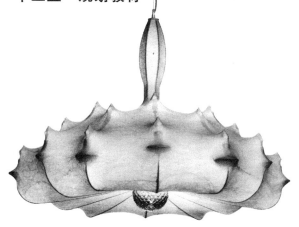

家具设计概论（第 2 版）
AN INTRODUCTION TO FURNITURE DESIGN

胡景初　戴向东　主编

中国林业出版社

图书在版编目（CIP）数据

家具设计概论/胡景初，戴向东主编．—2版．—北京：中国林业出版社，2011.8（2023.8重印）

面向21世纪课程教材，普通高等教育艺术设计专业"十二五"规划教材

ISBN 978-7-5038-6306-6

Ⅰ.①家… Ⅱ.①胡… ②戴… Ⅲ.①家具－设计－高等学校－教材 Ⅳ.① TS664.01

中国版本图书馆 CIP 数据核字（2011）第 176123 号

责任编辑：杜娟　丰帆

中国林业出版社·教育出版分社

电话：83143553　传真：83143516

E-mail：jiaocaipublic@163.com

出版发行	中国林业出版社
	（100009　北京西城区德内大街刘海胡同7号）
	电　话　（010）83143500
经　销	新华书店
印　刷	北京中科印刷有限公司
版　次	1999年2月第1版（共印6次）
	2011年9月第2版
印　次	2023年8月第10次印刷
开　本	889mm×1194mm　1/16
印　张	9.5
字　数	352千字
定　价	45.00元

未经许可，不得以任何方式复制或抄袭本书之部分或全部内容。

版权所有　侵权必究

第2版前言

《家具设计概论》作为国家"面向21世纪课程教材",自1999年列为国家林业局高等林业院校高教指导委员会"家具与室内设计"专业"九五"重点教材出版以来,已多次印刷并一直为大批相关院校和相关专业所采用。十多年来,中国家具产业发生了巨大的变化,获得了持续稳定的发展,中国已成为世界家具生产大国和家具消费大国,同时也是全球第一家具出口大国,但还不是世界家具强国。特别是近年来受世界金融风暴的影响,家具出口受阻,以OEM方式生存的一批家具企业受到了严重的冲击。面向国内市场的家具企业,也因盲目扩张所带来的产能过剩和缺乏创新机制所带来的同质化竞争所困扰。在此背景下,家具企业的转型与升级的任务迫在眉睫。生产型的企业向前端的产品研发和下游的品牌营销双向延伸,即向所谓的"微笑曲线"的两端延伸,这是家具企业当前进行转型升级的重要任务之一。为产品研发提供基础理论和基本知识的《家具设计概论》,也必须根据产业发展的需要而进行全面修订。

新版的《家具设计概论》在保持原版基本章节不变的前提下,新增了家具概念设计、家具形态设计、家具技术设计等章节,以便与企业家具产品研发的步骤和内容保持一致。修订版也根据当前形势对原有章节进行了修改、充实与调整,特别是将原书中黑白线描图全部改为彩色产品图片,以便图文互补,加深对相关内容的理解。

新版的《家具设计概论》在原书作者的基础上增加了一批年青学者参加编写。本书编写人员由中南林业科技大学的专业教师组成,人员如下:胡景初(第1章)、李敏秀(第2章)、李赐生(第3章)、夏岚、袁进东(第4章)、黄艳丽(第5章)、戴向东(第6、9章)、李克忠(第7章)、张继娟(第8章)。

本书适合于作为"艺术设计"和"木材科学与工程"专业室内与家具设计方向的家具设计课程教学用书。由于本书专业性强,涉及的知识面广,因此各院校在安排教学时可以根据各自的需要进行有选择的取舍。对书中的错误和不足之处,敬请不吝指正。

胡景初
2011年6月

第1版前言

本书为"面向 21 世纪教材",根据国家林业局高等林业院校高教指导委员会九五重点教材编写计划编写。

本书将家具看作是一种批量生产的工业产品,又是一种室内装饰的功能性艺术作品,还是一种市场流通的商品。同时将家具定性为一种文化形态,是居室文化的重要组成部分,并提出设计家具就是设计人的生活方式、工作方式或消闲方式。本书在编写过程中紧紧抓住以上特点,对构成家具的内容要素和形式要素分别进行了论述,对设计原则和设计过程也按新的观点和当前的设计实践经验进行了充分的论述。本书对传统的造型原理进行了有针对性的简单论述,同时对后现代的一些前卫设计思想,也在相关章节中作了简介。本书还对家具装饰要素、装饰形式,以及新产品开发等内容分章进行了论述。

本书适合于艺术设计和木材科学与工程专业的室内与家具设计方向的学生使用。同时可以作为其他设计类专业的家具设计用书。由于本书专业性强,涉及知识面广,因此各院校在安排教学时可以根据需要进行有选择的取舍。对书中的错误和不足之处,敬请不吝指正。

编者

1998 年 12 月

目 录

第2版前言
第1版前言

第1章 绪论

1.1 家具概述 ·· 2
1.1.1 家具的概念 ··· 2
1.1.2 家具的意义 ··· 2
1.2 家具设计概述 ··· 5
1.2.1 设计的词义与定义 ································ 5
1.2.2 家具设计 ·· 6
1.3 现代家具设计主要思想 ····························· 7
1.3.1 家具设计的主要思想 ····························· 8
1.3.2 现代化家具设计的发展趋向 ··················· 10
1.4 家具设计的程序与内容 ····························· 13
1.4.1 设计调查与产品决策阶段 ······················ 13
1.4.2 概念产品设计阶段 ································ 14
1.4.3 形式产品设计阶段 ································ 14
1.4.4 技术产品设计阶段 ································ 15
1.4.5 设计商品化阶段 ··································· 15

第2章 家具风格与类型

2.1 古典风格的家具式样 ································ 18
2.1.1 英国传统式家具 ··································· 18
2.1.2 法国乡村式家具 ··································· 19
2.1.3 意大利古典式家具 ································ 20
2.1.4 美国早期式家具 ··································· 20
2.1.5 西班牙地中海式家具 ····························· 20
2.1.6 中国明式家具 ······································· 21
2.1.7 日本和式家具 ······································· 22
2.2 现代风格的家具式样 ································ 22
2.2.1 现代式家具 ·· 22
2.2.2 高技派与超高技派家具 ·························· 23
2.2.3 村野式家具 ·· 24
2.2.4 北欧式家具 ·· 24
2.2.5 后现代式家具 ······································· 25
2.3 按科学方法分类的家具 ····························· 26
2.3.1 按基本功能分类 ··································· 26
2.3.2 按使用场所分类 ··································· 27
2.3.3 按固定形式分类 ··································· 28
2.3.4 按制作家具的材料分类 ·························· 28
2.3.5 按家具的结构特征分类 ·························· 30

第3章 家具设计要素

3.1 家具设计中的形式要素 ····························· 34
3.1.1 造型的几何要素 ··································· 34
3.1.2 质感与肌理 ·· 40
3.1.3 色彩 ··· 41
3.2 家具设计中的内容要素 ····························· 46
3.2.1 家具设计中人的要素 ····························· 46
3.2.2 家具设计中的技术要素 ·························· 50
3.2.3 家具设计的环境要素 ····························· 53
3.2.4 家具设计的经济要素 ····························· 55

第4章 家具概念设计

4.1 家具概念产品概述 ··································· 58
4.1.1 概念与概念产品 ··································· 58
4.1.2 概念的形成思路 ··································· 58
4.1.3 概念设计在产品研发中的作用 ················· 59
4.2 家具概念的产生 ······································ 59
4.2.1 从技术的角度形成概念 ·························· 59
4.2.2 从文化的视角产生概念 ·························· 59
4.2.3 从市场的变化发现概念 ·························· 60
4.2.4 从生活方式的变更找到概念 ··················· 60
4.3 家具概念设计的特征与过程 ······················ 60
4.3.1 概念设计的特征 ··································· 60
4.3.2 家具概念设计的过程 ····························· 61

第5章　家具形态设计

5.1 形态学概述 ·················· 64
5.1.1 形、态、形态、家具形态 ·········· 64
5.1.2 家具形态类型 ················ 65
5.2 家具的功能形态 ················ 68
5.2.1 以"人"为主体的家具功能形态 ······ 68
5.2.2 以"物"为主体的家具功能形态 ······ 71
5.3 家具的技术形态 ················ 73
5.3.1 家具的材料形态 ··············· 73
5.3.2 家具的结构形态 ··············· 74
5.3.3 家具的工艺形态 ··············· 75
5.4 家具的色彩形态 ················ 75
5.5 家具的装饰形态 ················ 78
5.6 家具的整体形态 ················ 78

第6章　家具构成设计

6.1 家具的立面分割设计 ············· 82
6.1.1 分割设计的概念 ··············· 82
6.1.2 家具立面的分割设计的原理 ········ 82
6.1.3 具有规律性的长方形 ············ 82
6.1.4 立面分割的类型与形式 ·········· 83
6.1.5 立面分割在家具设计中的应用 ······ 86
6.2 家具的立体构成设计 ············· 88
6.2.1 立体构成的概念 ··············· 88
6.2.2 家具立体构成设计的基本形式 ······ 88
6.3 由功能构成设计的家具基本形式 ····· 96
6.3.1 小型 ······················ 96
6.3.2 迭叠 ······················ 96
6.3.3 组合与分解 ················· 97
6.3.4 套装 ······················ 99
6.3.5 系列 ······················ 99

第7章　家具技术设计

7.1 家具的选材与工艺设计 ·········· 102
7.1.1 家具的用材选择 ············· 102
7.1.2 家具的工艺设计 ············· 107
7.2 家具的结构设计 ··············· 110
7.2.1 家具结构设计的原则 ·········· 110
7.2.2 实木框式家具结构 ············ 111
7.2.3 板式家具结构 ··············· 113
7.2.4 软体家具结构 ··············· 117
7.3 家具的用料与成本 ············· 118
7.3.1 家具用材的计算 ············· 118
7.3.2 家具的成本核算 ············· 120
7.3.3 家具企业降低成本的途径 ······· 120

第8章　家具装饰设计

8.1 家具装饰概述 ················ 124
8.1.1 家具装饰的概念 ············· 124
8.1.2 家具装饰的方法 ············· 124
8.1.3 家具装饰的原则 ············· 124
8.2 功能性装饰 ·················· 124
8.2.1 涂料装饰 ·················· 124
8.2.2 贴面装饰 ·················· 125
8.2.3 五金件装饰 ················ 126
8.3 艺术性装饰 ·················· 127
8.3.1 雕刻装饰 ·················· 127
8.3.2 模塑件装饰 ················ 128
8.3.3 镶嵌装饰 ·················· 128
8.3.4 烙花装饰 ·················· 129
8.3.5 绘画装饰 ·················· 129
8.3.6 镀金装饰 ·················· 129
8.4 其他装饰 ···················· 130
8.4.1 玻璃装饰 ·················· 130
8.4.2 织物装饰 ·················· 130
8.4.3 灯光装饰 ·················· 130
8.4.4 商标装饰 ·················· 130
8.5 家具装饰要素 ················ 130
8.5.1 线型与线脚 ················ 131
8.5.2 脚型与脚架 ················ 131
8.5.3 顶饰与帽头 ················ 132
8.5.4 床屏与椅背 ················ 134

第9章　家具产品的创新设计

9.1 家具产品创新设计的概念 ········ 136
9.1.1 新产品概念与产品创新的含义 ····· 136
9.1.2 产品创新的法律意义 ·········· 137
9.1.3 产品的外观专利 ············· 137
9.2 新产品的创新决策 ············· 137
9.2.1 整体产品的概念 ············· 137
9.2.2 产品属性决策 ··············· 138
9.2.3 产品组合决策 ··············· 139
9.3 家具产品的创新设计技法 ········ 139
9.3.1 家具造型的创新 ············· 140
9.3.2 家具功能的创新 ············· 141
9.3.3 家具材料的创新 ············· 142
9.3.4 家具结构的创新 ············· 143
9.3.5 与创新设计相关的话题 ········ 144

参考文献 ························ 146

第1章

绪论

1.1 家具概述
1.2 家具设计概述
1.3 现代家具设计主要思想
1.4 家具设计的程序与内容

1.1 家具概述

1.1.1 家具的概念

家具贯穿人类生存的时间和空间，它无时不在，无处不在。从先人的一垛泥土、一块石头或一段树桩等最原始的座具形态，到豪华威严的御座，再到当今高雅舒适的沙发，都充分显现了人类的进化和社会的进步。家具以其独特的多重功能贯穿于社会生活的方方面面，与人们的衣食住行密切相关。随着社会的发展和科学技术的进步以及生活方式的变化，家具也永远处于不停顿的发展变化之中，家具不仅表现为一类生活器具、工业产品、市场商品，同时还表现为一类文化艺术作品，是一种文化形态与文明的象征（图1-1、图1-2和图1-3）。

从商品学的角度定义家具或从直接功能定义家具　家具是人类衣食住行活动中供人们坐、卧、作业或供物品贮存和展示的一类器具。当然，人类的衣食住行活动还应包括为生存而展开的室内生产作业和社会交往活动。

从社会学的角度定义家具　家具是维系人类生存和繁衍必不可缺的一类器具与设备。家具演绎生活方式，提升生活质量。

从建筑学的角度定义家具　家具是建筑环境中人类生存的状态和方式，建筑环境包括室内环境和室外环境。

人类生存方式的进化与转变促进了家具功能和形态的变化，而家具的存在形态又决定了人们的生活方式和工作方式。这便是广义的家具概念。

1.1.2 家具的意义

（1）家具存在的哲学意义

家具，无一例外都是存在主义的家具。它是人的存在最基本的形式之一。没有家具的人的存在几乎是不可想象的，至少是严重的残缺。

家具是人类告别动物的生活习性和生存状态的必须手段和条件。正是因为家具的创造和使用，才使人与动物拉开了距离，才使人拥有了人的体面与尊严。在当今社会很难想象没有家具的衣食住行将使人处于怎样一种尴尬与狼狈的状态，正是基于家具存在的基本意义，所以说家具诠释了"人类文化的生存、动物本能的生存"这一至理名言。

（2）家具的功能意义

家具与建筑同宗同源，家具与建筑室内空间共同构建了人类的生存空间，家具依附于建筑，家具功能是建筑功能的延伸，但与建筑功能对应，它又有其独特的功能意义。

如果说建筑的原始功能是御寒暑、避风雨和防止野兽侵袭，那么家具的原始功能则是坐、卧和储藏。如果说建筑的最佳功能是身心两安，那么家具的最佳功能则是舒适、高效和美观。

家具帮助人们实现衣食住行活动中坐、卧、休闲和作业的基本功能，同时实现物品的收纳和展示等功能。人类正是通过家具来消化和享用建筑室内空间，家具成为了人类消化和享用空间的必要条件。

与此同时，建筑还依托家具和家饰形成特定的

图1-1　中国紫檀雕朱漆束腰卷云足宝座

图1-2　伊利亚大主教大理石宝座

图1-3　巴洛克风格的乌木柜

图 1-4　非洲部落酋长坐凳　　图 1-5　中国江南民间松木奇　　图 1-6　乡村柳条家具　　　　　　　　　　　　　　　　图 1-7　藤家具

室内氛围，形成某种"心理场"，它跟磁场和电场一样，对特定的人群产生共鸣，从而引起人们的关注和热爱。为什么年轻人多向往酒吧，而老年人则热衷茶馆，正是因为他们有不同的"心理场"。

如果说园林艺术是从外部来丰富和完善建筑功能，那么家具则主要是从内部构建来完善建筑功能。

(3) 家具的文化意义

家具作为一种物质文化产品，它反映了不同历史时期的科技和工艺水平。现代家具更是体现了当代生产力的发展水平。现代家具新材料的研发和应用，现代家具制作工艺和设备的创新，是现代家具形成的重要原因，也是现代家具的重要文化内涵。没有实木的软化和弯曲木技术，就不会有索耐特的曲木椅问世；没有多层单板胶合技术，也就不会有阿尔瓦·阿尔托的胶合弯曲家具面世；没有钢管和弯管技术，也就不会有布鲁耶的现代钢管椅出现。

家具反映了不同时期、不同民族人群的审美观念和审美情趣。中国明式家具的典雅、美国殖民地式家具的粗犷、北欧现代家具的简洁、意大利现代家具的时尚、非洲土著部落家具的原始野趣都充分反映了各自不同的追求。

家具承载了不同的风俗习惯和宗教信仰。日本和式家具席地而坐，中国东北农村的炕桌，忠实地记录着宗教故事和历史传说的西藏藏式家具，反映政教合一硕大与威严的欧洲中世纪家具，对于风俗与信仰在家具形态上和家具装饰上的表现，都是最好的例证。

家具造型在一定程度上也显现了伦理观念和道德风尚。在中国的传统家具中，使用普遍的八仙桌的尊、卑、长、幼座次，太师椅的正襟危坐等，都从不同方面规范了人们的举止礼仪，甚至也成了特定政治秩序和经济实力的物化表征。现代绿色家具中的环保意识和生态伦理则对新世纪的家具伦理提出了新的要求（图 1-4～图 1-7）。

(4) 家具的美学意义

家具美是实用性与审美性的统一。家具美属于生活美，首先要满足直接功能，适应生存环境的需要，离开了具体的功能用途就失去了家具最基本的价值，没有任何用途的家具不可能是美的家具。因此家具设计美是使用价值与审美价值的统一，是实用性与审美性的统一。

家具美是艺术性与技术性的统一。家具的功能性决定了家具的艺术与技术构成，家具是由不同的材料通过一定的结构和构造来实现的，而工艺、技艺、技能是决定的条件。同时家具造型又要根据美的造型规律，由不同的形态、色彩、肌理和特种装饰予以实现，因此家具既包含艺术的要素，又具有技术、技能、技艺的要素，家具美是艺术性与技术性的统一。

家具美是传统性和时尚性的统一。家具经历了数千年的发展，在不同的民族和地区，在不同的历史发展时期已经形成了丰富多样而又各具特色的传统风格家具。工业革命以后在探索各种现代设计思想的过程中，又产生了许多美轮美奂的现代风格家具。传统家具与现代家具相互交汇与促进，特别是20世纪60年代以来，家具个性化的需求和多样化的时尚设计，又使得家具与时尚密切关联。因此家具是传统性与时尚性的统一，是传统的时尚化、传统的现代化。新中式家具的提出与开发是传统时尚

图 1-8　乡村风格的原木架子床

图 1-9　现代厨房家具富有浓厚的时代气息

图 1-10　具有佛教文化符号和南亚风情的餐厅家具

图 1-11　现代洗脸盆架

图 1-12　简陋的西方乡村石橱柜

图 1-13　具有原始形态的硬木雕塑型家具

图 1-14　富于新内涵的乡村座椅

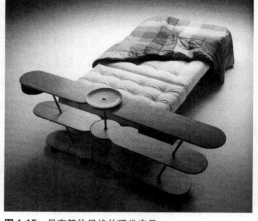
图 1-15　具有简约风格的现代床具

化的具体表现（图 1-8 ～图 1-10）。

（5）家具的社会意义

在人类进化和发展的过程中，建筑与家具一直充当了改善人居环境和提升生活质量的重要角色。在当今中国建设小康社会的进程中，同样是不可或缺的重要手段。小康标准的民居要有小康的家具相配套；豪宅要有品牌家具和个性化设计相匹配；现代办公空间要有现代办公家具相适应；大型公共空间要有相应的公共家具来实现其功能与价值。

由于家具长期存在人们的生存空间中，它的风格形态、装饰特色、使用痕迹、新潮符号，无不潜移默化地影响着人们的情绪，它给人以关爱，给人以启迪。它以物质文明的形态规范着人们的文明生活方式，并以此影响人们的精神生活，强化人民大众的审美意识，从而促进精神文明的建设（图 1-11 ～图 1-15）。

(6) 家具的经济意义

家具产业是永不落幕的朝阳产业，除了发生战争的特殊时期外，家具都是随着社会的进步而不断发展的。自20世纪80年代以来，在国际产业的大调整中，中国以丰富的土地资源和人力资源，吸引了大批海外家具企业在中国大陆落户。特别是珠江三角洲、长江三角洲和环渤海湾地区，吸引了大批港台地区和欧美各国的家具企业，大大促进了中国家具工业的发展，成为国民经济新的增长点。2008年中国家具行业总产值超过6000亿，而2007年中国已成为世界第一家具生产大国和第一家具出口大国，并正由家具大国向家具强国迈进。

家具是一种大众消费用品，中国又是年消费家具超过1000亿美元的世界八大消费大国之一。家具可以传播时尚，通过产品创新和市场创新而促进消费，扩大外贸出口，从而促进中国经济的持续健康发展。

1.2 家具设计概述

1.2.1 设计的词义与定义

(1) 英文 Design 的词义

英文"Design"一词由词根sign和前缀de构成。

词根sign——含有标记、方案、计划、构思、构想等词义。

前缀de——含有实施、做等动态语义。

复合词design——含有"通过行为而达到某种状态、形成某种计划"的意思。

15世纪前后，Design的词源是意大利语Desegno，其词义为"艺术家心中的创作意念"一般通过草图而具体化。从而定义为"以线条的手段来具体说明那些早在人们心中有所构想，后经想象力使其成形，可借助熟练的技巧使其现身的事物"，"实则是再现一件（在心中）完成的产品"。

18世纪，"Design"的词义有所发展，但仍限于艺术领域之内。1986年的《大不列颠百科词典》中的解释为："所谓Design是指立体、色彩、结构、轮廓等诸艺术作品中的线条、形状，在比例、动态和审美等方面的协调。在此意义上，Design与构成同义。可以从平面、立体、色彩、结构、轮廓的构成等诸方面加以思考，当这些因素融为一体时，就出现了比预计更好的效果。……"进入工业化社会以后，设计的概念超越了"纯艺术"或"绘画美术"的范畴，内涵更趋广义化。《韦伯斯特大辞典》对Design一词的解释为：

作为动词使用时，设计有如下词义：

① 在头脑中的想象与计划；

② 谋划；

③ 创造独特的功能；

④ 为达到预期目标而创造、规划、计算；

⑤ 用商标、符号等表示；

⑥ 对物体和景物的描绘、素描；

⑦ 设计及计划零件的形状和配置等涵义。

作为名词使用时，设计有如下词义：

① 针对某一目的在头脑中形成的计划；

② 对将要进行的工程预先根据其特征制作的模型；

③ 文学、戏剧构成要素所组成的概略轮廓；

④ 音乐作品的构成和基本骨架；

⑤ 艺术作品、机械及其他人造物各要素的有机组合；

⑥ 艺术创作中线、局部、外形、细部等在视觉上的式样、纹饰等。

1974年第15版《大不列颠百科全书》的解释是："Design"是指进行某种创造时计划、方案的展开过程，即头脑中的构思。一般是指用图样、模型表达的实体，但并非最终完成的实体。只指计划和方案。它的意义是，为产生有效的整体而对局部之间的关系的调整。其有关结构和细节的确定可有如下4个方面的考虑：

- 可能使用什么材料；
- 这种材料适合于何种制作技术；
- 从整体出发的部分与部分之间的关系是否协调；
- 对旁观者和使用者来说，整体效果如何等。

综上所述，可以对Design作如下归纳与定义：

Design的基本含义是"为实现某一目的而设想、筹划和提出方案"，它表示一种思维、创造过程，以及将这种思维创造的结果以符号（语言、文字、图样及模型等）表达出来。

但Design是个多义词，不同的语义环境下会有不同的内涵范畴，具有动词和名词的双重词义。

(2) "设计"的中文词义

从构词看，设计为"设"与"计"组合而成。

设：古汉语中当做动词——有陈列、安排、建立、假设等意。因此又有设置、设想、设法、设施等复合词的组成与使用。

计：在古汉语中，动词、名词兼用。作名词时有计谋；作动词时有计算、计议、计划。

1973年《汉语大辞典》的解释为：在正式做某项工作之前，根据一定的要求，预先制订方法、图样等。同样与"Design"意义对应。

(3) 设计的广义性

人类生活的本质是创造，而设计的本质就是创造性地思维与活动。随着现代科学的发展，设计理论的完善，许多专家学者对设计的含义做出不同的定义。为了加深对设计的认识，我们对设计的不同定义摘录如下：

① 设计是一种针对目标的求解活动。

② 设计是一种创造性的活动，创造前所未有的、新颖而有益的东西。

③ 设计是一种约定俗成的活动，是在规定和创造未来。

④ 设计是对一批特殊的实际需要的总和得出的最恰当的答案。

⑤ 设计是一种社会、文化活动。一方面，设计是感性的，类似于艺术的活动；另一方面，设计又是理性的，类似于条理科学的活动。

⑥ 设计是建立在一定生产方式基础上的造型计划。

⑦ 设计是完成委托人的要求、目标，获得使设计师与用户均能满意的结果。

⑧ 设计是将人为环境达到符合人类社会、生理、心理需求的过程。

由上可见，设计的含义并不受学科或专业的限制而具有广义性。

1.2.2 家具设计

(1) 家具设计的定义

为了定性家具设计，我们先了解一下工业设计的定义。1980年国际工业设计协会联合会在巴黎的11届年会上对工业设计的定义：就批量生产的工业产品而言，凭借训练、技术知识、经验以及视觉感受而赋予材料、结构、构造、形态、色彩、表面加工以及装饰以新的品质和规格，叫做工业设计。

家具是利用木材、木质人造板、金属、塑料等现代工业材料，通过高效率、高精度的工业设备和技术而批量生产的工业产品，因而家具设计理所当然地属于工业设计的范围。

(2) 家具设计的定义与内涵

根据设计和工业设计的概念与定义，我们可以对家具设计作如下定义：家具设计是为了满足人们使用的心理与视觉需求，在投产前所进行的创造性的构思与规划，并通过图纸、模型或样品表达出来的全过程。

家具设计的内涵和一般工业产品设计一样，是对产品的功能、材料、构造、艺术形态、色彩、表面处理、装饰形式等诸要素从社会、经济、技术、艺术的角度进行综合处理，使之既能满足人们对物质功能的需求，又能满足环境功能和艺术功能的需求。

(3) 家具设计的原则

家具设计的目的是为人类服务，是运用现代科学技术的成果和美的造型法则去创造出人们在生活、工作和社会活动中所需的特种产品——家具。而家具与室内空间及其他物品构成了人类生存的室内环境，又与建筑物、庭院、园林构成人类生存的室外环境。人与人、物与物、人与环境又构成了社会。从广泛的概念出发，家具设计的目的是使人与人、人与物、人与环境、人与社会相互协调，其核心是更好地为人类服务。就人而言，也有双重属性，人既属于生物的范畴，又属于社会的范畴。人的需求也具有双重性，作为生物的人，要求家具满足人的生理需要和不断发展的工作方式和生活方式的需要；作为社会的人，对家具和由家具构成的环境的要求则是审美功能、象征功能、教育功能、娱乐功能等。此外，家具作为一种工业产品和商品，必须适应市场需求，遵循市场规律。因此家具设计应遵循如下原则：

① 工效学的原则：工效学的原则就是应用人类工效学的原理，指导家具设计。在确定家具尺度的时候，在确定人体家具座面倾角和靠背斜度的时候，在确定人体家具垫性的时候，以及在设计家具色彩和光泽度的时候，都要根据人体尺寸、人体动作尺度以及人的各种生理特征来进行。并且根据使用功能的性质，如休息、作业的不同要求分别进行不同的处理。最终目的就是要避免因家具设计不当而带来的低效、疲劳、事故、紧张、忧患以及各种有形的损失，使人和家具之间处于一种最佳的状态，人

和家具及环境之间相互协调，使人的生理和心理均得到最大的满足，从而提高工作与休息的效率。

② 辩证构思的原则：辩证构思即应用辩证思维的设计原理与方法进行构思。家具是一类具有物质功能与精神功能的复合体。不能纯粹用形式构图的法则即单一的形式美的法则去处理家具的造型。在处理家具的造型时，不仅要符合艺术造型规律，还要符合科学技术的规律，不仅要考虑造型的风格与特点，如民族的、地域的、时代的特点，还要考虑用材、结构、设备和加工工艺，以及生产效率和经济效益。辩证构思的原则也是工业设计的原理、技术美学的原理。应用辩证构思的原则就是要综合各种设计要素，辩证地处理家具的造型与功能等问题。

③ 满足需求的原则：需求是人类进步过程中不断产生的新的欲望与要求。设计的根本目的就是如何去及时地满足人们不断增长的新的需求。因而满足需求也是一条重要的设计原则。

人的需求是由低层次向高层次发展的。美国心理学家马斯洛（Maslow）将人的需求分为生理需求、安全需求、社交需求、自尊需求和自我实现需求5个层次，其形式如同宝塔。人类的需求往往通过自然环境、人为环境的满足而实现。家具与室内环境是人类生存和发展中的重要需求内容之一。设计者要从需求者、消费群体中，通过调查得到直接的需求信息，特别是要从生活方式的变化迹象中预测和推断出潜在的社会需求，并以此作为新产品开发的依据。

④ 创造性的原则：设计的核心就是创造，设计过程就是创造过程，创造性当然也是设计的重要原则之一。家具新功能的拓展，新形式的构想，新材料、新结构和新技术的开发，都是设计者通过创造性思维和应用创新技法的过程。这种创造的能力人皆有之，人的创造力往往是以他的吸收能力、记忆能力和理解能力为基础，通过联想和对平时经验的积累与剖析、判断与综合所决定的。一个有创造能力的设计师应掌握现代设计科学的基本理论和现代设计方法，应用创造性的设计原则，去进行新产品的开发工作。

⑤ 流行性的原则：设计的流行性原则，就是要求设计的产品表现时代的特征，符合流行的时尚；要求设计者能经常地及时地推出适销对路的产品，以满足市场的需要。要成功地应用流行性的原则，就必须研究有关流行规律与理论。审美观念都是社会历史的产物，带有明显的时代特征，表现出时代的差异性与流行性。如明式家具的简练、清代家具的凝重、路易式的豪华，都具有不同的时代特征，由此而产生了不同的流行款式与流行风格。新材料、新工艺的应用，往往是新产品形态发展的先导；新的生活方式的变化和当代文化思想的影响，是新形式新特点的动因。经济的发展与社会的安定，是产生流行的条件。

⑥ 资源持续利用的原则：家具是应用不同的物质材料加工而成的，而木材和木质材料又是最主要的家具材料。因为木材具有最佳的宜人性、天然材质的视觉效果和易于成型的加工特性。但木材又是一种自然资源，优质木材生长周期长，随着资源的日益减少，因而日显珍贵。为此在设计家具时必须考虑木材资源持续利用的原则。具体说就是要尽量利用以速生材、小径材和中纤维板为原料，减少大径木材的消耗。对于珍贵木材应以薄木的形式覆贴在人造板上，以提高珍贵木材的利用率，对珍贵树种应做到有节制和有计划的采伐，以实现人类生存环境的和谐发展和木材资源的持续利用。

⑦ 生态性的原则：家具设计应以绿色、自然、和谐、健康为目标，使设计有利于人类健康、环境友好和有利于实现人类社会的可持续发展。就产品的生态性而言，要求产品使用原生态材料，显现材料的自然美、生态美；要求尊重自然，即尽量使用乡土资源，使用无污染、易降解和可再生的材料；要关爱使用者，增强使用者与自然的沟通；要使设计具有足够的弹性，可拆卸、可移动、可变化、可组合调整等。

⑧ 经济的原则：家具作为一类市场商品，既要为消耗者提供使用价值，也要为企业获取剩余价值，通过降低原辅材料、能源和人力资源的消耗，提高产品的功能效益、技术附加值、艺术附加值和品牌附加值，从而使企业获得合理利润的最大化。

1.3 现代家具设计主要思想

设计是人类一项重要的创造性活动，是一项

提高人类物质文化生活和美化生存环境的重要活动。家具和人类的生存和发展有着密切的关系，它不仅是一类家庭用品，更是人类生存方式的具体呈现，是人类文化地生存的哲理性诠释。家具设计不仅与人性的发展密切相关，而且与社会的进步密切相关，因而家具设计必然涉及广泛而深刻的理论问题，在这里就下述问题进行简要的阐述，仅为以后进行深入研究的纲要。

1.3.1 家具设计的主要思想

（1）传统与后现代

当我们的国家正在走向世界，走向现代化，走向可持续发展和美好未来的时候，我们的设计也正经历着不同传统文化，科学文化和人文文化的大交流、大碰撞和大融合。

传统是被历史所选择和确认的人类生活方式、过程、产品及其价值的客观存在。它表现为既定的物质存在、精神存在及其两者交融的艺术存在。对传统的继承与发展表现为传统形式的继承与发展，也包括对其形式所包含的人文精神、伦理道德和价值观念的认同和赋新。

一般说来传统的惯性是历史的包袱，前进的阻力。但是在历史的转折时期，长期被忽视的某些历史遗产往往能成为开辟未来道路的创造源泉。中国的传统文化在中国历史上有过它巨大的推动作用，今天看来虽然大部分只能作为历史的陈迹而供人欣赏，但某些部分却对当代社会的发展有着积极的指导作用。如"天人合一"的思想正成为当代可持续发展思想的有益启示。作为物质存在和艺术存在的中国传统家具既是现代家具设计的源泉，今天同样也是后工业社会后现代主义设计的思想基础和形式借鉴。

"后现代"（post modern）一词最早用于描绘对"现代"批判性发展的思潮。"后现代"是以后工业社会为背景，后工业社会又称"非物质社会"。从工业社会向后工业社会的转变是基于物质产品的生产和制造的社会转变为基于提倡服务和非物质产品（精神产品）的社会变革。在人类进入21世纪的前后，整个物质现实逐步信息化。以技术为中心的社会逐步信息化，以技术为中心的工业社会逐步向以计算机和网络信息为中心的信息社会转变，因此又称之为非物质社会。

后现代主义与传统有着密切的关系，因此有后现代古典主义之说。后现代主义虽注重对传统的继承，但并非盲目地模仿古典主义。而是在吸收古典主义形式和构图精华的同时，立足于用古典传统来表现当代社会的文化诉求，使传统与现代，过去与今天连接，目的是使设计具有丰富的文化底蕴。另一种手法是既反对现代教条，又看轻古典主义法则，仅仅将古典传统要素当成是一种"符号"和"装饰"。"符号"作为传统与现代连接的有力工具，装饰以脱离传统结构而存在，通过非传统的方法组合传统构件；或者是通过现代技术来表达传统的语言；或从各个历史时期的古典传统语汇、地方和民间的传统语汇中任意撷取所需要的片段，将传统与现代文化创新相结合，以新的方式予以表现。这就是后现代主义对传统的态度。家具作为一种信息社会设计的载体，采用后现代主义的表现手法无疑也是产品创新的重要思想基础。

（2）民族化与全球化

信息技术的发展把一个广袤万里的地球变成了一个"地球村"（Global Village），它打破了时空的限制，一切联系和交往变得如此便捷，借助现代信息通信和现代交通手段，经济资源的共享性，打破了地域和意识形态的限制，成为经济全球化的一个有机组成部分。经济全球化包括产品的全球化、资本的全球化、人力资源的全球化、技术的全球化和信息的全球化。全球化经济是一个无国界的经济。

随着经济全球化进程的加快，产品全球化不可避免，产品全球化的结果是设计的单调化与同一化。而且表现为西方强势文化对发展中国家弱势文化的入侵与同化。因此我们必须意识到问题的严重性，并采取积极措施和加以防范。

虽然信息和技术把全人类紧密结合在一起，但是我们也必须意识到文化传统、风俗习惯、宗教信仰、发展水平的差异性，这些几千年形成的东西在短期之内是不可能改变的。文化和差异应成为未来社会文化多样性的源泉，成为我们产品设计和民族品牌开发的宝贵资源。

有学者认为，冷战后世界格局的决定因素表现为八大文明，即中华文明、日本文明、印度文明、伊斯兰文明、西方文明、东正教文明、拉美文明，还有可能存在的非洲文明。作为一种文化，我们都应该尊重并力图加以理解。这样我们就可以看到世界各地区各民族所创造并遗留下来的无穷瑰宝，并在设计的实践中，对其精华部分加以利用，使设计文化的资源更加丰富和广袤。

在经济全球化的背景下，在冲突和碰撞的过程中，不同文化将趋向融汇与整合，慢慢地形成真正的人类文化与世界文化。现代建筑、现代家具都表现出这种趋同性，但是不同地区不同民族的文化也需要加以保护并发扬光大。因为世界文化是建立在民族文化的基础之上的，没有丰富多样的民族文化就不会有高度发达的世界文化。在经济上我们越是相互依赖，在设计文化方面我们就越要表现出个性，越要强调我们自己的特点。就家具设计而言，我们不能一味地追随西方，应重新审视我们中华民族文化的内涵和特征，并以新的民族形式去适应现代生活的需要，创造新的民族风格。越是民族的就越容易得到其他民族的重视，只有这样才能成为世界的。也只有这样我们才能创造新的时尚，并将其奉献给全世界。

(3) 以人为本的设计思想

以人为本的设计思想就是人性化设计的思想，是指在满足人们物质需求基础上的强调精神与情感需求的设计思想。以人为本的设计思想起源于欧洲文艺复兴时期的人道主义的思想体系，提倡关怀人，尊重人，以人为中心的世界观。

在原始社会和农业社会，产品制作虽然缺乏人性的思考，但每一件物品，每一个造物过程都在无意识地探寻人性的根本。工业社会平民化设计思想的出现，功能主义的设计思想又为人性化设计的发展奠定了基础。对现代主义的反思，从"形式追随功能"到"形式追随情感"又进一步促进了人性化设计思想的发展。人类功效学的发展又使人性化设计更加科学。在后工业社会，形式的非物质化和功能的超级化，使得设计的重点不再是有形的物质产品，而是越来越关注关系，注重人机对话的关系，产品和服务的关系。

建立在物理层次关怀，心理层次关怀，人群细化关怀基础上的人性化设计又表现为人情化设计，个性化设计和人文化设计的思想。

① 人情化设计：人情化的设计力图将"人与物"的关系转化为类似于"人与人"之间的关系。设计应满足使用者的情感需求。人情化设计建立在产品功能的满足和对人体物理层次关怀的基础之上。人情化设计还可以通过怀旧风格的产品而实现，或通过体验的形式而获得满足。人情化设计应满足人类最朴素最善意的情感需求。

② 个性化设计：个性化的设计思想是要求通过产品的个性化而实现对不同消费群体或个体的个性需求。个性化可指品牌的个性化和产品的个性化，品牌的个性化是指个性风格品牌及其背后所包含的消费者年龄、文化层次和社会地位的细分。产品的个性化则指为具体的个别的人定制的个性化产品，消费者参与设计的个性化设计。

③ 人文化设计：人文化设计是在生活方式文化与艺术文化日渐融汇，大众文化与艺术文化日益沟通的前提下，作为创造生活方式的家具设计也越来越与艺术联姻。体现文化特色与蕴涵人文精神的产品则是人文化设计的具体表现。

(4) 生态哲学与生态设计

近年来生态哲学在社会科学领域获得了空前的重视，生态观在设计界也得到了广泛的应用。生态哲学就是用生态智慧、生态观点或生态洞悉力去观察现实事物，解说现实世界，认识和解决现实问题的一门科学。同样也是设计学科发展的重要理论基础。生态哲学的主要特点是从反自然走向尊重自然；从人类统治自然走向人与自然和谐相处。用生态学的整体观念去思考问题，用生态的方法和途径去解决问题。

根据生态哲学的基本理论与方法，生态设计应遵循尊重自然，保护生态，人与生态环境共生的原则去对人类生存的环境和产品进行设计。生态设计的主要思想是整体系统的设计观；多元共生的设计观；可持续发展的设计观；关注伦理的设计观；重视生态技术的设计观等。

① 整体系统的设计观要求将不同功能，不同产品类型的设计按多用途、多样性、平衡性、低消耗、高信息的要求进行系统设计，用系统的思想解决设计中的各类矛盾与问题。

② 多元共生的设计观要求全面解决人类与自然，人类与环境的平衡、和谐和共生共荣，也包括共生的美学观去实现产品的多样性等问题。

③ 可持续发展的设计观要求保证通过设计提升生活质量；要求合理有效利用资源；要求设计有助于保护自然与人文环境。

④ 关注伦理的设计观提倡设计为全人类服务，

而不是只为发达国家服务；要求设计为健康人服务，还要为残疾人服务；要求设计师与企业的社会责任感，实现全人类的共同进步。

⑤ 重视生态技术的设计观要求合理利用循环利用的技术、节能的技术、降耗的技术等来解决设计和生产中的矛盾和问题，实现自然资源的高效率和有效利用。

生态设计观还应包括经济消费、清洁消费，提供适度消费；反对污染环境的消费，倡导绿色环保的消耗；反对有害的消费，倡导健康的消费。这类生态设计观和消费观是现代家具设计发展的重要指导思想。

(5) 标准化与多样化

标准化与多样化的本质是技术发展与人性发展的矛盾。在工业化的过程中，标准化通过产品简化、统一和系列化等手段而使劳动生产率获得了极大的提高。但在标准化带给人们效率，质量和财富的同时，也带来了产品的单调和生活的贫乏。人们住在相同的标准住宅，配置着相同的家具，使用着相同的电器，在相同的时间看着相同的电视节目，同一时间打哈欠，同一时间上床睡觉等，生活十分单调。在后工业社会，随着社会财富的积聚，中产阶级的壮大和自由支配的休闲时间的增加，人们不再满足于单调划一的生活，不再追逐使用与邻居相同的产品。个性产品，个性消费，一对一的服务已成为一种新的时尚，这就是多样化。

要实现产品的多样化，主要的技术手段仍然是标准化，当标准化的产品多到可以满足多种个性需求的时候，或在标准化的程度可以适应无限选择需求的时候，这就是今天标准化的目标。

要实现满足无限选择的标准化就必须通过新的设计理论模块化设计，新的制造方式大规模定制，新的制造技术数控技术，新的销售模式（如：网上销售）等手段而实现。

① 模块化设计建立在系统论、类型学、标准化的理论基础之上，家具设计中的 32mm 系统和 CAD 设计技术，家具制造中的相应配套的专用设备为模块化设计提供了技术平台。

② 大规模定制是一种崭新的制造模式。它将大批量生产与定制生产的优势有机地结合起来，以大批量生产的速度和成本满足客户定制的个性化需求的产品，能较好地适应多样化的需求。大规模定制的核心是通过快速反应和柔性化生产实现产品的变型和客户化。它面临的市场是分散的，动态变化的，如何低成本高质量快速地完成产品的定制和服务，是大规模定制的根本目标。

③ 计算机技术、数控技术在家具机械中的应用是实现敏捷制造快速应对市场的技术手段。它可以实现一个工位和一条流水线上任何零部件的自动加工。生产一个零部件和生产 1 万个同样的零部件，在时间、质量和加工成本上没有任何区别，因此它是小批量多品种生产的最佳技术手段。

④ 网上销售的优势是可以将分散在世界各地的对某一件或某一类个性产品需求的客户集中起来，将小批量相应扩大，从而实现批量生产。在某一城市某一地区对某一个性设计的需求可能很小，甚至是一个客户，但在世界范围集中起来则可积少成多。

在标准化、通用化、模块化设计的基础上，采用非标准化的"插入件"零部件，是实现多样化个性消费的重要手段。插入件的生产可以用数控机床生产，也可以用半机械半手工方式生产，或称之为不看过程只看结果的"黑箱法"生产。这是克服标准化的不足和更好地适应多样化需求的另一有效途径。

(6) 科学技术与艺术

设计是一门技术科学，也是一门艺术科学。将科学技术与艺术美学结合起来，创造一个科学与人文，技术与艺术相融合的人类生存环境，应该是当代设计科学的一项重要任务。家具也不例外。

家具是实用与审美、物质与精神、科学与艺术的统一体。它既是物质文化的主体，又是精神文化的载体。同时家具也是科学与艺术的结合体，是物化的文化艺术，是艺术化了的科学技术。材料科学与工艺技术是构成家具文化的基本成分，没有这些所谓哲理、流派、风格、美感、寓意将无所依附。造型、色彩、肌理、构件、装饰图案是家具文化的重要组成，离开了造型的装饰艺术，家具也就失去了文化的意蕴，很难引起人们心灵的感受与精神的愉悦。因此家具设计中科学与艺术缺一不可，相辅相成。

1.3.2 现代化家具设计的发展趋向

(1) 家具用材多样化

从某种意义上讲，工业设计史与现代材料发明史是同步的；设计风格的演变与不同特性的材料更新换代休戚相关。如果说工艺美术运动多用木材，新艺术派巧用铁材，装饰艺术派喜用发光材料，以机器美学和包豪斯为代表的现代主义派善用钢材和玻璃的话，那么，以美、日、意领衔的战后设计，则在铝材和塑料上做足文章，尤其是塑料，成为表述后现代主义不可或缺的媒介。整个设计过程便是充分利用和展现现有材料的特性，以及开发新型材料广泛用途的过程。因此，材料是设计学科的重要研究对象。作为一名设计师，不一定要创造新型材料或者知道现有材料究竟如何发明，但至少要熟悉各种材料的物理和化学性能及其加工特点，特别是对新材料应用的敏感性。

当今的材料科学日新月异，可供家具制造选用的材料也不断涌现。基于木材的天然特色和宜人性，木材仍然是家具用材的首选。只是随着热带雨林的不断枯竭，珍贵硬木资源日益减少，消费市场更加珍惜名贵硬木的应用，而更多的实木家具多采用速生材或经改性重组的木材生产家具，以适应市场的发展需求。板式家具则倾向于采用资源较为丰富的中密谋纤维板和刨花板，或蜂窝复合板等新型人造板。蜂窝复合板以重量轻成本低而著称，特别是厚型板式部件的加工更具优势。在板式实木家具中集成材也得到了广泛的应用。除了各类人造板的应用外，表面装饰材料也品类繁多，既有各种天然的刨切薄木，更有人造薄木，装饰纸品，印刷转移膜、金属单板。将数码打印技术应用到家具表面装饰，也为个性产品的开发提供了技术保障。

除了木质家具外，金属家具、塑料家具、玻璃家具仍然是家具市场的主要品类。各种重量更轻、强度更大、装饰性更好的合金材料及丰富多样的型材制品，各类性能更佳、环保性更好的成型材料、发泡材料，以及人造皮革等则是塑料在家具制造中的主要应用途径。更具可持续发展特性的仿实木复合竹片复合板，人造藤皮等也是值得推广的新型家具用材。家具材料的多样化，以及多种材料在同一产品中综合应用，为家具产品风格的多元化提供了物质保障。

(2) 产品风格多元化

家具产品的多元化既是当今家具市场的现实，更是家具设计未来的发展趋向。

在当今的家具市场上，不同传统风格，不同地域特色，不同流行时尚的产品应有尽有。在传统家具中既有中式传统家具，也有西洋古典家具；既有粗犷高大的美式家具，也有灵秀精美的日本家具；既有装饰繁复的工艺家具，也有简约无华的现代家具。就中式传统家具而言，也呈现出多元化的发展趋向，既有复制明清经典的高仿家具，又有传统与现代融合的新中式家具。高仿家具在用材、结构、造型、装饰等方面均高度忠于历史，适应于收庄与增值的高端市场，新中式家具则在用材、结构、造型、装饰等方面均有较大的创新，在功能上更适应现代生活方式的需要，因此更适应于具有中国传统家具文化情结而又追求现代时尚的消费阶层的需要，因为它具有既"中"又"新"的特点。起源于尼罗河流域和两河流域的西洋古典家具，经过6000多年的发展，积淀了丰富而多样的家具文化，因此西洋古典家具更是家具风格多元化的文化资源，但当今的西洋古典家具风格，与历史上曾经流行过的风格已有较大的改变。一是风格的融合，如法国古典家具风格，很少再分为路易十四式、路易十五式或路易十六式，而更多的是几个历史时期风格的综合与简化。二是用材的替代，如英国家具史上也伴随着朝代的更替，曾有过柞木时代，胡桃木时代与桃花心木时代，今天的英国家具也不再追求历史的重演，而更多的是替代用材，柜类家具板式部件更是采用人造板，保留的只是风格，而非用材和细节。尽管如此，西洋古典家具仍然是当今家具市场的高档产品，特别是进口的原产国家具，其价格远远超过了中国的红木家具。

在时尚家具中，追求质朴、回归自然的乡村风格家具；女性化的新装饰主义家具（The new ornamentation）；几何纯粹形态的现代造型；圆滑多变的有机造型；原木色浅淡色的清雅家具；色彩缤纷的装饰家具等，充分显现出家具风格的多元化发展趋向。

在家具风格演变的过程中，变是永恒的主旋律，而不变则是相对的，是在有限时段内的流行。而风格的多元化则是永远不变的真理。

(3) 家具功能高效化

随着信息技术的快速发展，人们的生活方式也在不停的发生演变，各种家用电器和办公设备的普及,直接促使现代家具,特别是现代厨房家具和现代办公家具向高效化的趋向迈进。

例如,厨房家具,各种现代能源和现代厨具炊具的应用,以及遥控技术的发展,炊事不再是费力的苦差事,而是一种调节生活节奏的乐事,不仅效率高,而且可以遥控。

又如办公家具,通过网络办公,移动办公等方式极大地提高了人们工作效率。而随着现代通信网络的发展与普及,家具与现代信息技术的综合必将对传统的办公家具设计思维带来冲击。为高效率办公家具的开发带来新的思路。互联网的普及更使异地办公和电子商务成为现实,并使家庭办公日益普及,如何使异地办公和家庭办公终端与公司之间的连线快速而准确,是高效办公家具设计的重要内容。以团队为单位,办公家具的高效化有利于增进人与人,人与团队的相互交流,打破传统的交流方式,以体现高效化的特征。

电子墙、智能扶手椅和智能办公台的开发就是未来办公家具高效化的方向。电子墙就是类似于传统上的在墙上贴张纸来交流信息一样,它是一个靠触摸感应来交流的处理信息的装置。智能扶手椅是带有固定平板显示器的移动椅。智能办公台是一种可移动的展示,讨论和信息解释的交流平台,人们可以在其屏幕上进行书写与涂画。

具有保健和按摩功能的躺椅和床垫,具有杀菌和除臭功能的鞋柜,具有尿湿感应而发音的儿童床,都是家具高科技应用和高效化的成功案例。

(4) 设计系统的扩大化

传统的家具设计主要指造型设计、结构设计和工艺设计、包装设计、材料汇总与成本核算,以及产品说明书的撰写等内容。

在中国家具产业转型升级的进程中,在家具市场竞争激烈的背景下,家具设计不再单纯是产品本身的设计,更重要的还应包含前期的产品战略和品牌战略,以及后期的营销策划和渠道建设。因此,现代家具设计系统是从产品策划到市场营销的大系统,这也就是设计程序的全过程,前期的产品战略为产品研发提供企业发展的思想理念,开发的方向和企业目标,以及产品核心价值。根据企业产品战略,设计师则按设计的原则和程序,设计的内容和表现手法,设计出符合目标的功能型产品,新潮型产品,体验型产品,情感型产品,传统经典产品与现代时尚产品。

在营销前,对于新产品,设计部门还要设计出产品的名称和商标,还要进行专卖店加盟店的卖场设计、商品布置,以及参加展会时的展示设计。而更重要的是产品设计要适应产品战略目标和营销个性需求。如体验型的产品就要适应体验的规则和要求。体验是以服务为舞台,商品为道具,消费者融入其中,从而产生体验。根据体验的概念,可以预见未来的竞争是超越功能的"体验"竞争。人们购买家具将由单一追求功能转化为包含社会的、伦理的、情感的体验价值观。家具及其摆场,也具有丰富的体验类型,如体验尊贵,体验关爱,体验自然,体验亲情,体验激情,体验未来,体验休闲等。因此家具设计也由产品设计进入了服务的设计,由追求物质功能为主转向追求精神功能为主,由物质设计转向非物质设计。

(5) 家具家居一体化

家具家居一体化的主要思想和运作是淡化家居装修,以家具为首选,由家具风格决定家装的风格。通过设计公司或商家将各类家具、室内装修材料和产品,如门、地板、墙面材料;家用电器和厨具用品;布艺、灯具和所有的家用装饰艺术品整合在一个平台。设计师和消费者通过专用软件技术在电脑屏幕上讨论设计方案,触摸式或描瞄式的操作系统,可以快速地准确地在屏幕上调整和修改方案。产品风格,表面色彩和肌理,甚至功能尺寸和用材,表面装饰形式和图案,地板和门的材料、规格和颜色;织物装饰的形式、风格和布纹图案;灯具的造型和规格等均可在现场快速调整,最终获得满意的效果。方案一旦确定,电脑即可打印出产品明细表、生产厂商、品牌和价位。从而轻易实现家具家居一体化的目标。

这种创意首先在广州的"尚品宅配"获得突破,他们从橱柜、入墙式衣柜的定制开始,扩展到卧室、儿童房、起居室、餐厅、玄关等全屋家具的定制,又从家具扩展到家饰的所有产品的配套定制。他们的特点是自行开发的圆方软件为支撑,实现全程数码服务。家具产品也是以"维尚制造"等多家的产品为依托。产品规格尺寸、用材、色彩均可个性设计,一对一服务。

北京的"居泰龙"是一家科贸公司,他们也

是以自己独立研发的"HDS"系统软件为支撑,有效地整合了家具生产商、装修公司、装饰材料供应商、家居、家饰用品供应商和客户等多方资源。他们众多的供应商资源,保障了消费者对产品功能和风格的多样选择的可能性。并且在下单订货时以"居泰龙俱乐部"成员的身份,享受供应商的VIP的优惠,为客户提供一套行之有效的完整的家居整体解决方案。

如何实现家具家居一体化的要求,家具设计领域还有大量的基础研究要做。

1.4 家具设计的程序与内容

1.4.1 设计调查与产品决策阶段

(1) 设计调查

产品决策以设计前的调查为依据,调查是最基本最直接最可靠的信息。只有对市场信息进行准确的判断,才能获得成功的设计。判断设计成功与否的因素在这里主要指市场的销售状况和消费者的接受程度。设计前主要对如下方面进行调查。

① 对消费者的调查研究:同样的产品对不同的消费者往往有不同的反映,也就划分出不同的消费群体。为了使所开发的产品有一个准确的市场定位,必须对目标市场内消费者的状况进行调查。主要调查消费者的性别、年龄、民族、风俗习惯、文化程度、兴趣爱好、经济状况、需求层次,消费者对产品造型、色彩、装饰、包装运输的意见和要求,以及对使用维护方面的要求等。

② 对技术进步的调查研究:主要调查有关产品的技术现状与存在问题;调查同类产品生产企业的技术现状、产品种类情况,以及国内外有关产品的材料与工艺技术资料等。

③ 对市场环境的调查研究:主要调查社会经济环境、自然地理环境、社会文化环境与社会政治环境等内容。

社会经济环境主要指国民生产总值与国民收入状况、近期内的基本建设投资规模、城市住宅建设状况、人口数量及分布、市场物价与消费结构等,以及商业与外贸情况。自然地理环境主要指目标市场的地理位置、自然条件、气候条件、交通运输状况等。社会环境主要指文化教育程度、科学技术水平、职业构成、宗教信仰、社会风俗、大众审美观念等。社会政治环境主要指经济政策、有关法令规章制度等。

④ 市场专题调查研究:主要就商品、价格、流通,以及竞争情况与经营效果等方面进行调查研究。

商品调研的内容包括商品投放市场的情况,新材料、新工艺、新技术的应用情况,新产品的开发趋向,各类产品的生命周期等。价格调研的内容包括生产成本、销售成本、市场价格、商品差价与比价等。商品流通调研的内容有流通环节,流通路线,社会商品储存量,商品运输,仓储成本,批发与零售网点的分布及经营能力等。市场竞争情况调研的内容有主要竞争对手与竞争手段,参与竞争产品的性能、用途、质量、价格,以及交货期限与服务方式等。

⑤ 有关产品的调查研究:主要收集现有同类产品的图片、图纸和资料;生产产品的相关工艺技术、设备、工艺装备等方面的资料;用于生产家具的主要原材料、辅助材料,以及五金配件方面的产品目录和文件资料;人类工效学的资料;有关产品的标准文献;有关政策、法规方面的文件资料等。

(2) 调研资料的整理与分析

对所调研的资料要进行整理与分析,以便用于指导设计。对消费者的调查、市场的调查,以及专题调查可以定量分析的应以表格的形式进行统计,其他定性分析的可以写出专题调研报告,并作出科学的结论。对于产品的式样、标准、规范、政策法规方面的资料要分类归档,妥善保存。

(3) 市场预测

对某类商品的市场预测常分为短期需求的估计和未来需求的预测。

① 短期需求估计:常采用上加法和下分法。上加法即预先估算个别市场的需求量,然后相加即得短期内总的需求量。下分法即先估算整个市场的总需求量然后再分配到自己所占据的各个市场去。

② 未来需求预测:常采用时间序列法(外延法)和回归分析法。时间序列法即根据过去的销售量按年份或月份顺序排列,构成序列,根据过去的销售增长趋势与递增规律,预测未来的市场需求。回归分析法即通过回归分析找出市场需求量与有关因素的直接关系。回归分析与时间序列化同时应用。

(4)产品决策

在完成上述工作的基础上,即可进行最后的决策,确定开发什么大类的产品,产品的档次、销售对象、市场方向等,以便展开更进一步的产品设计。

(5)产品战略的选择

确定产品战略就是选择一种行之有效的方案使自己策划的产品能顺利进入激烈竞争的市场,并有计划有步骤地扩大市场的占有量,从而实现企业发展的战略目标。

产品战略有原创的战略,在充分调研的基础上,对产品的功能、用材、结构、造型、装饰或使用形态进行某些方面或全面的创造性设计,从而占有市场。

差异化的市场战略,通过目标市场的差异化;目标消费者的差异化;产品风格的差异化;品牌形象的差异化;客户服务的差异化;分销渠道的差异化等而实现市场扩张的目标。

绿色环保的产品战略,通过对产品用材的严格控制和清洁生产过程的监控,从而为消费者提供绿色健康环保的家具产品,通过对生态伦理道德的明示从而表达出企业的社会责任,以绿色产品开发新市场。

还有珍贵硬木家具的高仿战略,床垫产品健康睡眠战略,办公家具的信息化和智能化战略等,都可以作产品战略而加以策划。

1.4.2　概念产品设计阶段

(1)识别顾客需求先要确定消费群体,如准备结婚的年轻人或事业成功的中年人,或安度晚年的老年人,或家庭条件良好的儿童等。

并对该群体的生活模式,生活行为和家具的使用形态进行深入研究。全面归纳和有效传达消费者的需求,且对各类需求进行权重划分。

(2)产品规格说明

将顾客需求转化成准确的技术与艺术表述。技术的表述包括产品的类别,主要规格,系列产品的构成和组合;艺术的表述包括风格类别,造型特色和装饰细节的要求。

(3)概念产品的构思

根据顾客需求和规格描述以及家具设计的相关知识和标准确定产品的用材、结构、五金件、造型要素和功能规范,主要功能和附加功能。

1.4.3　形式产品设计阶段

(1)概论产品的视觉化

负责造型设计的设计师首先要将策划好的概念产品以草图的形式予以快速表达,实现概念产品的视觉化,并以不同的方案表达进行比对,最后得出理想的初步设计方案。

(2)形式产品的形象表达

在草图的基础上,进一步确定重点表达造型要素,使产品的个性特征予以充分彰显,同时要对产品的色彩和表面肌理,以及细节设计等内容通过彩色效果图而获得完美的产品形象表达。

国外设计师多采用手绘的效果图,以表现其设计风格和个性,而国内设计师多采用3D软件绘出更具真实感的电脑渲染图。

(3)形式产品的评议与筛选

通过由产品开发部和市场营销部门共同组织的,有设计师、营销人员、客户代表参加的新产品评审会,对形式产品进行评议,并提出修改意见,最后筛选出产品方案。

(4)产品评议的主要内容

从消费者出发的评议要素:① 功能性:实用满足程度;② 环保与安全性:绿色环保性能要求,强度与稳定性;③ 审美性:心理满足程度;④ 操作性:方便舒适程度;⑤ 环境性:环境协调程度。

从企业出发的立场评价要素:从产品的外观、性能、质量、包装、商标等方面来评价生产工艺的可行性、技术难度、开发成本、生产成本的控制情况,以及原材料供应情况、市场预测情况、市场竞争力、价格分析、产品寿命分析、售后服务措施的落实情况,产品开发可能的风险、风险对策与承受风险的能力,产品是否侵犯已有专利,是否符合国际、国家、行业、部标准,特别是低碳、环保方面的标准。

(5)模型与样品制作

为了更真实地表达产品方案的最终效果,工厂一般采用概念产品中设想的材料和工艺,以及产品方案中确定的结构和规格尺寸进行1:1的样品制作。家具企业对这一程序俗称为打样,打样更便于对样品进行更进一步的评议和改进,以获得最佳产品方案。

1.4.4　技术产品设计阶段

技术产品设计即完成对形式产品的结构和工艺设计，完成生产过程中所需要的全部技术文件。

(1) 确定用材类型与规格

对实木家具主要确定用材树种，以及不同零部件所需要的板方材规格。

对人造板主要确定不同零部件用人造板的类型、板材厚度，以及对贴面材料的规定等。

对软家具的用材也是对不同部件的内部用材和外部用材分门别类地进行落实。

(2) 完成各种施工

家具生产中所需要的施工图包括装饰结构图、零部件、板式家具的板块图、曲线零部件的大样图等。

由于设计软件的日益完善，不少设计部门只要完成装配结构图后，其零件图（板块图）均可自然生成，大大提高了设计效率。

(3) 完成其他技术文件

除了图纸外，技术设计部门还应提供不同单件产品的原辅材料耗用表，五金配件明细表，产品包装清单，工艺流程卡，产品装配说明书和产品使用说明书等。

1.4.5　设计商品化阶段

家具产品要进入市场就有了商品的属性，因而要进行相关的设计与策划，这是设计的向前延伸，以保证设计成功进入市场。

(1) 商标设计

对于新系列的产品还要进行商标设计，就是给产品取一个好的名称，并用与产品风格相匹配的图文组合而予以标识，为产品进入市场有一个规范的名称。

(2) 产品拍摄与图册设计

将产品置于特定的环境中进行拍摄，使产品的风格形态更具艺术感染力，使产品在家居环境中的陈设更具亲和力，通过印刷装帧设计装订成册，并附上产品的型号和规格，以便经销商和消费者更好地预览和选购，这是产品商业化中的重要环节和惯常做法。

(3) 专卖店设计

家具产品一般都要通过专卖店、加盟店、特殊经营店、品牌旗舰店等渠道而进行营销。大的品牌产品一般都有成百上千的专卖店，甚至更多，为了突出品牌形象，专卖店的门面、标识、摆场、配饰等都必须精心设计，规范统一。

(4) 展会展示设计

为了集中展示和经销产品，参加国际性的大型家具博览会是最有效的途径。因而根据参展产品的类型、参展面积的大小进行展示设计也是后续商业化设计的重要内容。突出品牌形象，突出产品形象，注重产品与配饰，产品与环境的协调与统一是展示设计的重要内容。

(5) 广告设计与媒体选择

通过广告而扩大品牌的认知度和影响力是市场竞争中的惯用策略，家具的广告促销也日益普遍，广告包括平面媒体，影视媒体和空间立体广告。平面媒体广告版面有限，整版半版，跨页或拉页都要对画面进行精心设计；影视媒体广告则时间有限，要对画面和情节进行精心策划。空间立体广告则要简化细节突出主题。广告设计和媒体选择是家具商业化设计的重要内容之一。设计机构应予充分关注。

综上所述，家具设计的程序应包括设计调查和产品策划阶段；概念产品设计阶段；形式产品设计阶段；技术产品设计阶段，以及产品商业化设计等阶段。每一阶段都有其特定的形式与内容。

思考题

1．如何分别从商品学、社会学和建筑学的角度定义家具？
2．试分别阐述家具的哲学意义、功能意义、文化意义、美学意义、社会意义和经济意义。
3．试表述家具设计的定义与内涵。
4．家具设计常应用到哪些原则？分别表述其内涵。
5．试举例说明新材料、新技术对家具设计的促进作用。

6. 后现代主义如何理解和认识传统？如何用新的手法予以表现？
7. 在全球文化趋同性的背景下如何传承和创新民族文化？
8. 试简述生态设计的思想与观念。
9. 如何应用标准化模块化设计原理实现大规模定制？
10. 如何辩证地处理科学技术与艺术在家具设计中的关系？
11. 如何理解家具设计系统的扩大化？
12. 如何理解家具家居一体化？
13. 家具设计的程序主要有哪些阶段？
14. 市场调查要调查哪些内容？
15. 商品化设计包括哪些内涵？

第 2 章
家具风格与类型

2.1 古典风格的家具式样
2.2 现代风格的家具式样
2.3 按科学方法分类的家具

2.1 古典风格的家具式样

2.1.1 英国传统式家具

英国传统式更准确的说法应该是一组家具式样。这是在18世纪形成并流传最广、影响最大的一组家具式样。18世纪——英国家具史的黄金时代，造就了一批才华横溢的家具设计名师，而其中的佼佼者是奇彭代尔（Thomas Chippendale）、赫普尔怀特（George Hepplewhite）、亚当兄弟（Robert Adam 和 James Adam）以及谢拉顿（Thomas Sheraton），被称之为英国家具史上的"四杰"（实际上是五个人）。他们设计的家具式样各具特色，并且分别用他们的名字命名。英国传统式就是他们的家具式样在当代的仿制（图2-1）。

（1）奇彭代尔式

汤姆逊·奇彭代尔作为一个家具设计师、木材雕刻家和家具制造者而闻名。他有取舍地接受了英国哥特式、法国洛可可式以及中国家具的影响，并作出了重大改进。他设计了许多不同式样的颇具特色的家具，并且编成图册出版。他作为一个椅子制造者而著称，其中最有名的是梯背椅。他为椅子设计了许多不同形式的弯脚，其中最广为流行的是爪子抓球的脚型（图2-2）。图2-3是另两把奇彭代尔式椅子。他设计的家具的特点是形态坚稳匀称，有节制的局部雕刻装饰十分精美，最常用的木材是桃花心木（图2-4）。

（2）赫普尔怀特式

乔治·赫普尔怀特也是一个木工和有创造性的家具设计师。他设计的家具外形轻巧，有着良好的比例。他不喜欢英国早期笨重粗大的家具形式，也不采用或很少采用雕刻装饰，但他喜欢用绘画和镶嵌装饰家具。他设计的家具的脚都是直线型，常用的木材是桃花心木和椴木。最有名的设计是盾背椅（图2-5、图2-6）。

（3）亚当式

罗伯特·亚当和吉姆士·亚当都是建筑师和家具设计师。他们汲取了古希腊、古罗马建筑的艺术风格，研制了一种新的家具形式，造型简洁匀称，脚是直线型，向下端渐收，表面常有凹槽装饰，有时也采用雕刻装饰，所有部分都很精细（图2-7）。

（4）谢拉顿式

汤姆逊·谢拉顿也是一位设计者兼木工，是英国家具黄金时代的最后一位伟大人物。他早期受亚当和赫普尔怀特的影响，后期则受法国帝国式的影响。他的设计多呈直线型，桌椅形体多采用方形。

图2-1 英国传统式小柜

图2-2 爪子抓球的脚型

图2-3 奇彭代尔式椅子

图2-4 奇彭代尔式低柜

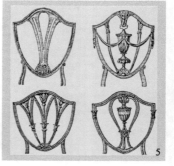
图2-5 赫普尔怀特式常用的盾形靠背设计

图2-6 赫普尔怀特式椅

图2-7 亚当式家具

今天我们在有关书刊或在国际市场上看到所谓英国传统式家具，就是在他们的基础上进行设计的，然而大多数的制造者已经综合了他们之间的特点，难以区别他们之间的差异，所以统称为英国传统式家具，如图2-8所示的镜桌。

（5）邓肯·法伊夫式

在美国与这类家具一脉相承的是邓肯·法伊夫式（Duncan Phyfe）。邓肯·法伊夫是唯一的一个用个人的名字命名了一个时期的这类家具式样的美国人。他的设计精美华丽，一直流传至今，并仍受到人们的欢迎。他最有名的设计是中心柱脚的桌子和里拉型（一种古希腊竖琴）的靠背椅。他的设计常有少量的雕刻装饰和大量的凸形嵌线，曲线优美典雅，结构精细（图2-9）。他不仅是一个优秀的设计师，而且是一个经验丰富的木工。

2.1.2 法国乡村式家具

这是另一类传统式家具，因为它有着如此鲜明的特色，所以它自成一体。在法国路易十四世、路易十五世以及路易十六世统治时期，在家具设计和制造方面取得了巨大的进步。因为当时的那些国王追求豪华奢侈的生活，所以组织了最好的工匠不惜工本地去发展一种具有大量雕刻、镶嵌和镀金等装饰的家具形式，巴洛克（Barocco style）、洛可可（Rococo style）以及新古典主义式（Neoclassical style）便由此而先后出现。而当时住在乡村的小官员也不甘落后，便命令乡间的工匠去极力仿效。但由于受到当地材料以及工艺技术水平等客观条件的限制，所以只能在简化的基础上采取相似的变化形式。因为这类家具最早出现在乡村，所以被称之为

图2-8 谢拉顿式镜桌

图2-9 邓肯·法伊夫式沙发

法国乡村式。这种具有18世纪法国王室家具风格而又转为简洁的家具形式，一旦被广泛采用，就变得越来越有特色。

今天制造的法国乡村式家具是一种适合于现代生活需要和生产工艺的法国传统家具。这类家具常具有优美的线型，装饰形式是线型雕刻。法国乡村式家具的一个最突出的特点是卡布里奥尔（Cabriole）脚型的应用，一种最早出自中国的弯脚形式。较早的正规的法国乡村式家具可以由涡卷形的装饰脚来识别。例如柜子，则有着较短的脚，脚的上部内侧与望板形成一条连续的曲线。柜子、桌

子的面板以及抽屉面板常呈对称的曲线轮廓，屉面有时则用曲线线脚装饰，这也是识别法国乡村式家具的重要标志之一（图 2-10、图 2-11）。

法国乡村式家具常用的木材是樱桃木和核桃木。涂饰方法的一个特点是小块黑色斑痕的存在，这是用一种叫龟裂的涂饰方法获得的，是有意在新家具表面仿造古典家具用久了的标志；有的家具涂饰成白色，对突出的雕刻图案进行描金。

2.1.3　意大利古典式家具

具有独特风格并易于识别的另一类传统家具是意大利古典式。它是在 18 世纪和 19 世纪意大利的乡村木工中得以形成的，突出的特点是方形渐收直脚的应用。它与英国的传统式和法国的乡村式有着更多的相似之处，但比这两种式样要显得笨重。桌子常用大理石作面板；常采用镶嵌、贴面等装饰形式；脚和边线常用凹槽装饰；常用的木材是樱桃木、核桃木；通常涂饰成浅茶色或深咖啡色（图 2-12、图 2-13）。

2.1.4　美国早期式家具

美国早期的家具是与众不同的，又称之为早期美国式。从欧洲来到美国的早期移民，由于条件的限制，他们只能制作简洁、实用和易于加工的家具形式。他们是使用当地最容易得到的木材，如栎木、松木、橡木等，按传统的欧洲式样和当时力所能及的加工能力，加工出来的一种家具形式。他们装配家具时用木钉代替铁钉，最早的车木圆脚是手工削制而成，用平直结实的面板代替了装饰性的雕刻。早期美国普遍使用的就是这样一种功能性的家具（图 2-14、图 2-15）。后来随着生活条件的改善，移民者开始有意制造一些略加装饰的家具，这种家具便称之为美国殖民地式，后来又叫联邦式。其式样多受法国家具的影响，但仍保持了早期美国式的简洁、粗犷的特点。最具代表性的家具是碗柜、长凳、温莎椅（Windsor）、写字台、四柱式床等，至今仍然十分流行。

识别殖民地式家具简捷的方法之一就是根据车木零件的大量存在，且大部分又在脚上的特点。如装在温莎椅子上的栏杆柱和花瓶状的车木脚。柜子一般用带曲线装饰的包脚，后来也有采用具有内外曲线的矮厚脚型的。

2.1.5　西班牙地中海式家具

西班牙和地中海地区的式样反映了 17～18 世纪罗马国家的艺术，并且具有摩尔民族艺术的特点。除了木材以外，西班牙和地中海式的家具还广泛使用了诸如皮革、玻璃、金属和陶瓷等多种材料。识别西班牙和地中海式家具的标志可参照如下几点：家具表面常用古代西班牙骑士的图案

图 2-10　法国乡村式软椅

图 2-11　法国乡村式家具细部

图 2-12　意大利古典式柜

图 2-13　意大利古典式桌

图 2-14　美国早期式柜

图 2-15　温莎椅

图 2-16　西班牙和地中海式家具

图 2-17　西班牙式家具

图 2-18　明式黄花梨方角柜

图 2-19　明式黄花梨交椅

图 2-20　明式紫檀雕花椅

标志，浮雕细工（一种交错的切割装饰表面）在这类柜子上的应用；床头板常用弓形顶部装饰；几何图案的广泛应用；金属件和大理石的普遍应用；椅子常用皮革包封；较为沉重的体量感，设计借用了西班牙和意大利南部的城堡等古建筑形式，雕刻的门、屉面以及框架看上去就像一个大教堂（图 2-16、图 2-17）。常用的木材是核桃木，涂饰一般用咖啡色。

2.1.6　中国明式家具

从历史的观点看，我国的明式家具是在历代家具不断发展的基础上，进入了完备、成熟时期，形成了一种独特的风格，被后人誉之为明式家具。今天随着社会的发展和人们消费观念的变化，古典家具在民用家具消费中的比例越来越高，因此，明式家具在国际家具市场越来越受到人们的欢迎。明式家具也就成了中国传统家具的代名词（图 2-18、图 2-19、图 2-20）。

目前市场上流行的以明式家具为主要特征的传统家具大致可以分为三类：第一类是古董家具，这类用黄花梨、鸡翅木或紫檀木等名贵木材加工的明代家具或清代仿明式家具，制作年代都在 100 年以前。这些家具成为家具爱好者收藏的对象。第二类是旧木新造的中国传统家具，是利用古旧家具或古建筑上拆下的木构件加以重构和修整的家具，也多表现为明式家具风格。第三类是当代制造的仿明式家具，木材多为从东南亚进口的黄花梨、鸡翅木、紫檀木等珍贵木材。在款式上除了忠实于明式家具的古朴典雅外，亦间或有摩登时尚的新式样。总的来说，明式家具应具有如下特点：

（1）造型简练，以线为主

严格的比例关系是家具造型的基础。明式家具的局部与局部的比例、装饰与整体形态的比例，都极为匀称、协调。如椅子、桌子等家具，其上部与下部,其腿、枨、靠背、搭脑之间的高低、长短、粗细、宽窄,都令人感到无可挑剔地匀称、协调。并且与功能要求极相符合,没有累赘,整体感觉就是线的组合。其各个部件的线条,均呈挺拔秀丽之势,刚柔并济,挺而不僵,柔而不弱,表现出简练、质朴、典雅、大方之美。

(2) 结构严谨,做工精细

明代家具的卯榫结构,极富有科学性。不用钉子少用胶,不受自然条件的潮湿或干燥的影响,制作上采用攒边等做法。在跨度较大的局部之间,镶以牙板、牙条、圈口、券口、矮老、霸王枨、罗锅枨、卡子花等,既美观,又加强了牢固性。明代家具的结构设计,是科学和艺术的极好结合。时至今日,经过几百年的变迁,家具仍然牢固如初,可见明代家具的卯榫结构有很高的科学性。在当代新木新造的仿明式家具中,传统的卯榫结构在不失外观特征的前提下,已有较大的简化。

(3) 装饰适度,繁简相宜

明代家具的装饰手法,可以说是多种多样的,雕、镂、嵌、描都为所用。装饰用材也很广泛,珐琅、螺甸、竹、牙、玉、石等样样不拒。但是,决不贪多堆砌,也不曲意雕琢,而是根据整体要求,作恰如其分的局部装饰。如椅子靠板上,作小面积的透雕或镶嵌;在桌案的局部,施以矮老或卡子花等。虽然已经施以装饰,但从整体看,仍不失朴素与清秀的本色,可谓适宜得体,锦上添花。

(4) 木材坚硬,纹理优美

明式家具的木材纹理,自然优美,呈现出羽毛、兽面等朦胧形象,令人有不尽的遐想。充分利用木材的纹理优势,发挥硬木材料本身的自然美,这是明式家具的又一突出特点。明式家具用材,多数为黄花梨、紫檀、鸡翅木等。这些高级硬木,都具有色调和纹理的自然美。工匠们在制作时,除了精工细作之外,同时不加漆饰,不作大面积装饰,充分发挥、充分利用木材本身的色调、纹理的特长,形成自己特有的审美趣味,具有独特风格。这是明式家具的又一特点。

明式家具的风格特点,概括起来,可用造型简练、结构严谨、装饰适度、纹理优美四句话予以总结。

2.1.7 日本和式家具

日本是一个善于吸取外来文化的民族,从公元6世纪佛教传入日本开始,日本就一直在吸收和引进世界各民族的文化,并将这些互不相干的因素融汇在一起,创造了今天的日本文化,也创造了日本的和式家具(图2-21)。日本的和式家具和日本的和服、花道、茶道一样具有鲜明的民族特点,与日本的和室相互协调,具有传统的东方特点,但同时它又大胆地吸收了西洋家具的实用性特点和装饰要素。第二次世界大战以后,日本曾邀请北欧的家具设计师来日本指导现代家具设计,因此,日本和式家具也富有北欧家具的有机造型的特色。纵观今日之日本和式家具,主要具有如下特点:

- 柜类家具的立面造型既有东方传统家具的特色,如门面装饰线脚、五金拉手和装饰图案等,同时又有北欧家具装饰的特点,如门扉周边的圆滑型面,以及包脚和柜顶装饰与北欧的实木柜类如出一辙。
- 餐椅造型丰富多样,或具有明显温莎椅的特征,或表现西方现代座椅的特风格征。少量在和室中使用的座椅,只有座垫和靠背,保留了席地而坐的传统生活习惯。
- 在用材方面,对桐木有着特别的偏爱,桐木柜类家具在日本大行其市。
- 家具色彩深沉凝重。

2.2 现代风格的家具式样

2.2.1 现代式家具

从历史的角度来说,19世纪后期以来,或多或少地反映了现代生产印记或吸取了现代最先进的技术而设计和生产出来的家具均可以称之为现代式家具。它包括1850年以来奥地利大量生产的曲木椅,第二次世界大战期间在德国包豪斯的设计理论指导下开发出来的钢管椅和其他家具,第二次世界大战以后,欧美各国应用新材料、新工艺、新技术生产出来的包括塑料家具、玻璃纤维家具、人造板家具等新型材料家具。

就现代家具的内涵和概念而言,现代式家具是指具有某种规定的涵义和外形及结构特征的家具。其主要特点是对功能的高度重视,人类工效

图 2-21　日本和式家具

图 2-22　造型简洁的钢管椅

图 2-23　现代风格的凳子

图 2-24　高技派家具

学成为设计的重要法则，且具有简洁的形体，合理的结构，多种材料的合理配置以及淡雅素净的装饰，它以功能构件的质地和色彩作为装饰要素，而没有特别的附加装饰（图 2-22、图 2-23），虽然后现代主义者宣布现代式家具已经死亡，但现代式家具在我们的生活中仍比比皆是，如钢管家具、曲木家具、板式拆装家具、屏风隔断式的办公家具、体育场馆和其他公共场所的现代座椅，以及现代商场的不锈钢和铝合金家具，都是具有典型特征的现代式家具。

2.2.2　高技派与超高技派家具

高技派设计风格，原来是指现代建筑中的一种设计流派，即指不仅在建筑中坚持采用新技术，而且在美学上极力鼓吹新技术的倾向。高技派主张在家具设计中用最新的材料，如高强度钢材、硬铝材、塑料、镜面玻璃等。高技派风格经常把装配式的钢架坦率而醒目地暴露在外（图 2-24）。

产品设计中的高技派风格是将大工业的造型语言或构成要素转移到日常生活领域中去。在新的环境中形成一种不调和因素，从而产生新的灵感。如将汽车上的行李架用作卧室中梳妆台的陈列架，这种转移便得到了新的美学意义。人们从中感到这种设计的别出心裁，结构简练。又如客厅中的陈列柜上方安上钢材的构架，也同出一辙。

高技派的风格在办公家具中应用最为普遍。80年代以后，世界高科技的突飞猛进，激烈地冲击着人们的思想观念。一方面技术进步带来了以前不可想象的伟大成果，另一方面社会矛盾并没有因技术进步而解决，而是越来越复杂和深刻。有人提出技术的进步，使社会生活一切领域更加商品化，使人的思想被迫纳入追求某种技术模式的消费文化中去，而失去了对自由个性的追求。高技派一味炫耀技术的伟大，把技术的地位放到了至高无上的地步。而超高技派则要批判对技术的盲目乐观，从立足于人性自由和人的主观意识角度上，指责过去、评价现在、设想未来。

80年代后期出现的超高技派其实质是对高技派的异化。并将技术作为一种图腾符号，加以揶揄，并寄托一种对逝去年代的怀念情感，这便是超

图 2-25 混凝土音响台

图 2-26 带编织座面的胡桃木椅

高技派的设计思想。

超高技派的作品也不少,如树形灯,它将树干剥皮后涂上鲜艳的颜色,安上荧光灯管。它将独木舟时代与高科技时代的特征混在一起,也许隐喻着当代大自然的命运。又如用钢、玻璃和石材构成的一张桌子。它的不同的材质组合严密,具有高技派的特点,而石材的一边却依然保留着粗糙的原始表面,给人一种怀旧式的神秘色彩,它是石器文明与工业文明的共生产物。又如1987年意大利米兰家具展览会上的一张桌子,它是以钢筋网作为台面,在网面蒙上一层用环氧树脂生产的形状类似兽皮的彩色面板。

还有人将高保真音响器材装置在从建筑工地挖回来的废弃的混凝土砌块上,成为别具一格的混凝土音响台(图2-25)。它以颓废的观念来讽刺对高科技的崇拜,呈现一种明显的不协调的气氛。

2.2.3 村野式家具

村野式家具并非一种艺术流派,只能算是一种典型的家具类型。开发该类家具的指导思想在古代是文人为了猎奇,追求天然情趣;而在当代则更是广大城市居民受环境思潮的影响,追求自然天成、回归自然的一种表现。

村野式家具的特点是粗犷和野性。具体表现为如下几方面:

(1) 用料自然天成

这类家具要求尽可能采用天然材料进行加工,避免使用塑料、人造革、人造海绵,甚至钢材等人造材料。因此,各种木材特别是保留原色、原质和天然外观木树桩、树根、树枝均可以用于家具制造。竹竿、篾片、竹丝、藤条、藤皮、柳条等天然材料也是理想用料。软家具则采用棉、麻等天然织物包好。

(2) 设计上的田园风味与乡土气息

由于选材自然天成,加工因材而异,摒弃豪华与繁琐,因而外观质朴、简洁、自然、清新,充满田园风味与乡土气息,使生活在大城市的人的世俗心境,受到大自然的洗涤,饱享温馨,倍感亲切、宁静,较好地满足了人们回归大自然的心理需求(图2-26)。

(3) 制作中的因材施艺

环保家具的制作因取材于大自然,丰富多样,因此不可能有统一的固定不变的工艺,而是必须根据材料的特点分别采用相应的工艺。如树根、树桩、树枝家具就必须根据材料的形体特征,分别进行取舍、修剪和拼接。例如,利用横切或斜切的树干加工的台面、几面,除了求得表面平整外,更应充分保留原来边缘的形状,以便保留自然形态,甚至留下树的韧皮和枝节端部。又如竹藤家具或绑扎,或编织,或覆贴,均应根据用料材性和加工需要而定。

2.2.4 北欧式家具

丹麦(Demark)、瑞典(Sweden)、挪威(Norway)和芬兰(Finland)四国位于欧洲北部,

主要领土以斯堪的那维亚半岛为主,故统称为斯堪的那维亚国家。境内居民全部为日耳曼民族,多年共处,在自然环境和文化历史双方面均具有极为相同的背景。

由于本身乡土工艺传统的根基深厚,农民家具的纯粹本色获得长期的保存。同时,由于环境良好,生活悠闲,社会大众一方面崇尚"理性"的生活原则;另一方面重视生活艺术的修养,对于这种主要的家具材料获得真实而深刻的认识,并在木材工艺技术方面取得纯熟优异的能力。他们以纯粹的农民家具作为基础,将人类的需要和艺术结合在一起,使之发展成为一种具有特殊个性的现代家具风格。

北欧式家具的主要特色一方面建立在它的有机造型和轻巧感觉上面,另一方面则表现在优美材料质感和熟练的制作技术上面。北欧的设计家深刻了解"成熟的造型乃是最美的形式",逐以圆润自然而具有抽象雕塑感的有机形作为家具造型的主要依据。在机械加工的功能主义中,北欧家具的感性形式对于生活情感来说的确具有不凡的意义和价值。同时,北欧家具设计家认为:"将材料特性发挥到最大限度,是任何完美设计的第一原理"。因而他们运用熟练灵巧的技法,从木材、皮革、编藤和纺织等所有家具材料的特殊质感里面去求取最为完美的结合和表现。对木材的特别偏爱,常以本色装饰,并将木节暴露,给人一种非常自然、丰富、舒适而亲切的视觉和触觉的综合感觉。毫无疑问,这种有机形的雕塑木质家具是北欧设计家在20世纪中的特殊成就,它给现代家具设计带来了巨大的贡献和启示。

北欧各国在家具的发展方面都具有自己独特的风格,但他们的家具制造业,都是在举国一致的设计运动中进行的,这就是他们的共同特点,加之北欧各国对造型上的特有情感,与对设计采取的慎重态度,使得北欧家具在世界家具中声誉卓著,从而立于世界家具强国之中(图2-27)。

2.2.5 后现代式家具

后现代(Post-Modernism)是相对于现代而言的,后现代式家具则是相对于现代式家具而言。后现代的"后"不仅是指时间顺序,而且有着对现代主义进行反拨的含义,如反功能主义的设计等。后现代是对现代主义千篇一律和过于简洁,表现出不满意的一种发泄,是对"装饰就是罪恶"的反动。就产品设计的风格和特色而言,后现代并没有固定的模式,各家的设计风格也很不一致。综观各种后现代风格的家具作品,主要表现为如下特点。

(1)现代与古典的糅合

常在现代家具中局部采用古典装饰要素,或者说是将古典装饰要素分解,然后糅进现代家具的某些部位。

(2)手工艺外观的再现

有的后现代式家具虽然造型富于现代感,但整

图2-27 北欧式家具

图 2-28　亚历山德罗·门迪尼设计的 Proust 扶手椅

图 2-29　亚历山德罗·门迪尼 1983 年设计的"水晶物体"系列中的"Scivolando"镜椅

图 2-30　弗兰克·盖里设计的"小海狸"椅凳

体充满了手工艺家具的雕琢痕迹，对手工技艺情有独钟。

（3）过分夸张的造型与变异

不少后现代式的家具设计不受功能的约束，也不拘泥于传统的审美情趣，表现一种前所未有的变异、夸张与随心所欲（图2-28、图2-29、图2-30）。

2.3　按科学方法分类的家具

2.3.1　按基本功能分类

按基本功能分类，就是根据人与物以及物与物的关系，按人类工效学的原理进行分类，是一种科学的分类方法。按基本功能分，家具主要有如下几类：

（1）人体家具

人体家具是指以椅、凳、沙发和床榻为主的供人们坐、躺、卧的家具，即支承人体的家具，又称支承类家具。

（2）准人体家具

准人体家具的功能部分与人体有关，部分与物体有关，是指台、桌类家具为主的供人们倚凭、伏案工作的家具，同时也具有陈放或贮存物品的功能。

（3）贮存类家具

贮存类家具是以箱柜为主的供人们贮存衣物、被服、书刊、食品、器皿、用具等物品的家具。贮存类家具主要是处理物与物之间的关系，其次才是人与物之间的关系，即人使用时的便利性。

（4）装饰类家具

装饰类家具主要是陈放装饰品，陈列品的开敞式柜类或架类。主要起陈设物品和装饰作用。

2.3.2 按使用场所分类

家具按使用场所分类就是按社会生活中的一些典型社会活动类型和典型工作、生活环境对所使用的家具进行分类,主要有如下几类:

(1) 办公用家具

办公用家具是指单位办公室用的一类家具,我国华南和港澳地区又称写字楼家具,主要有办公桌、工作椅、会议室桌椅、电脑台、电话台、文件柜、书柜等。在现代灵活空间的大办公室中,功能齐全的家具还常配以遮挡视线的隔板以及照明和通信设备(图2-31)。

(2) 公共建筑家具

公共建筑家具主要指礼堂、报告厅、影剧院、车站、码头等公共场所供大众临时使用的家具(图2-32),主要是座椅类。其特点是结构简单、使用者不固定、不易搬动,一般为固定式和折叠式。

(3) 商业家具

是指百货商店、自选商场以及各种专业商店中供贮存、陈列、展示商品用的家具,主要有货柜、货架、柜台、陈列架、展示台等。这类家具需要和商品性能、尺度相符合,同时要与建筑装修相配合,常采用铝合金型材和玻璃加工而成(图2-33)。

(4) 宾馆家具

宾馆家具是指在宾馆中供旅客使用的客房、餐厅、酒吧和休息室等场所使用的家具。客房家具在基本功能方面与民用家具相似,但客房家具是供旅客临时使用,所以较为简单,在造型、结构、尺寸方面均有自己突出的特点(图2-34)。

(5) 学校用家具

学校用家具指供各类学校或科研机构在教学和科研中使用的家具,主要品种有课桌、课椅、实验台、讲台、仪表器材柜、绘图桌、书柜、书架等。其中课桌椅的尺寸必须与学生的年龄、身高相适应,所以必须区别对待或设计成可以调节高低的结构。

(6) 民用家具

民用家具一般指供家庭成员使用的包括起居室、卧室、学习室、餐室、厨房、卫生间在内的家具。按家庭构成成员划分,民用家具又可以分为夫妇卧室家具、老年人用家具、青少年家具、儿童家具等。年龄不同,家具的功能、造型、色彩也各有特色(图2-35~图2-38)。

图 2-31 办公家具

图 2-32 公用休息沙发椅

图 2-33 商业家具

图 2-34 宾馆家具

图 2-35 民用厨房家具

图 2-36 民用客厅家具

图 2-37 民用卧室家具

图 2-38 儿童套房家具

图 2-39 滚动型家具

图 2-40 悬挂型家具

2.3.3 按固定形式分类

这里所说的固定形式是指家具的安放形式，按是否可以随时任意移动这一原则进行划分，主要有如下 4 类：

（1）**移动型家具**

移动型家具指那些可以根据需要任意搬移的家具，一般的有脚和没脚的家具都是这一类型。

（2）**滚动型家具**

滚动型家具是指在家具底部或脚端装有脚轮的家具，如办公椅、沙发、餐车等常装有球形或圆柱形脚轮，以便灵活移动（图 2-39）。

（3）**固定型家具**

固定型家具是指用螺钉、螺栓或其他连接件将家具固定于地板、天花板或墙面上的家具。一旦安装之后便不再拆卸和换位，固定型家具常与室内装修工程同时进行。

（4）**悬挂型家具**

悬挂型家具是指采用某些挂靠形式将家具安放在墙面上或天花板下，这是一类可以移动却难于轻易移动的家具，一般是小型搁板架或小柜。它既可满足功能需要，还可以减少占地位置（图 2-40）。

2.3.4 按制作家具的材料分类

（1）**木家具**

木家具是指由木材或木质材料（即用木材为原料加工的胶合板、纤维板、刨花板、细木工板等人造板）为基材生产的家具。尽管现代家具材料随着科学技术的进步而日益增多，然而木材及木质材料是生产家具的主要材料,木家具仍然是家具世界中的主导家具(图2-41)。

(2) 竹藤家具

竹藤家具是以竹材或藤材为主要原料的家具。竹藤家具多数为椅子、沙发、茶几、小桌之类,少量的有柜类家具。用竹材制造柜类家具时,需要预先将竹材加工成竹篾片材或竹胶合板。用竹藤生产的家具有返璞归真的自然美,特别适合炎热地带夏天使用(图2-42)。

(3) 铝合金家具

铝合金家具是一类以铝合金型材作为骨架的家具,常与玻璃、人造板等材料相配合制造商业家具,是近年来发展起来的一种家具新门类。

(4) 玻璃家具

玻璃家具是以较厚的玻璃为基材,通过多向金属接头连接而成的台、几、架类家具。在玻璃家具中玻璃既是围合件,又是承重件。由于玻璃晶莹透明,所以常用于制造陈设物品的家具(图2-43)。

(5) 金属家具

金属家具是以金属管材(钢管)、线材或板材(薄钢板)为基材生产的家具。管材、线材常用于制造椅、凳、沙发、几、桌等家具,薄板用于制造写字台、文件柜等办公家具。金属家具常与皮革、塑料、玻璃、木材等配合使用,用经电镀处理的管材生产的家具,如办公椅、躺椅、沙发、茶几、床架等,显得华贵、高雅,且富有现代感(图2-44、图2-45)。

(6) 塑料家具

塑料家具是以塑料为主要原料制成的家具。由于塑料种类繁多,生产工艺多样,所以塑料家具也常以完全不同的各种形态出现,既有挤压成型的硬质塑料管材、型材接合拼装而成的家具,也有模压成型的硬质塑料家具、有机玻璃家具,又有树脂与玻璃纤维配合生产的玻璃钢家具,还有以软质泡沫塑料块与皮革生产的软家具,以及用塑料膜充气、充水形成的悬浮家具等。用模塑雕刻零部件组装而成的仿古家具,更是以假乱真,具有古朴高雅的气质。如图2-46所示塑料椅。

图 2-41 木家具

图 2-42 竹藤家具

图 2-43 玻璃茶几

图 2-44 金属躺椅

图 2-45 金属衣架

图 2-46 塑料椅

2.3.5 按家具的结构特征分类

家具的接合形式有方榫接合、圆榫接合、金属连接件接合、钉接合、胶接合等，由于接合方式不同，所以各自具有不同的结构特征。以其结构特征为依据进行分类，家具主要可分为：

(1) 框式家具

框式家具是一类以榫接合为主要特点，木方通过榫接合构成承重框架，围合的板件附设于框架之上的木家具。框式家具一般是不可拆的。

(2) 板式家具

板式家具是一类以人造板构成板式部件，用专用的金属连接件或圆棒榫将板式部件接合装配的家具。由于连接件的类型不同，板式家具有可拆与不可拆之分。可以反复拆装，适合于长途运输和包装销售是可拆装板式家具的主要优点。图 2-47 所示为板式家具。

(3) 拆装家具

用各种连接件或插接结构组装而成的可以反复拆装的家具即拆装家具（图 2-48）。大部分的板式柜类家具都属于这一类型，椅、凳、沙发也可以采用拆装结构，甚至传统雕刻家具也可以分解成部件进行生产，然后用连接件组装。各种钢管家具部件则可以用插头连接以取代电焊。拆装家具具有工艺简单，有利于实现家具部件标准化与系列化，方便包装运输等优点。

(4) 折叠家具

凡是能够折合或能够叠放的家具统称为折叠家具（图 2-49、图 2-50）。折叠家具的特点是在家具的主要部位有许多折动点，这些折动件都相互牵连而起连接作用。因此，不用时可以折叠合拢，不占地方，也便于搬运。叠放家具即不用时可以在垂直方向层层叠放，如叠椅、叠桌等，以减少占地面积。有的折叠家具还具有一物多用的特点。

图 2-47 板式家具

图 2-48 插接组装的塑料椅

图 2-49 折叠餐椅

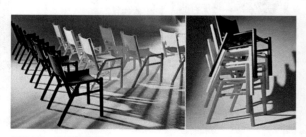

图 2-50 叠置的椅子

图 2-51　曲木家具

图 2-53　树根家具

图 2-52　壳体家具

图 2-54　气垫沙发

（5）曲木家具

以弯曲木质部件组装而成的家具称为曲木家具。弯曲零件包括由实木条经软化、弯曲、干燥定型而成的实木弯曲零件和由旋切或刨切单板在胶合过程中弯曲成型的多层胶合弯曲木零件。曲木零件常用螺钉、螺栓等连接。曲木家具多为几、桌、椅、凳、沙发等，具有形态优美轻巧等特点（图2-51）。

（6）壳体家具

以塑料、玻璃纤维钢或胶合板为原料，经模压、浇注或其他工艺加工而成的薄壳零件单独形成的或与其他零部件组装而成的家具。因为壳体是它的主要特点，所以称之为壳体家具。壳体家具多为座具（图2-52）。壳体家具具有结构单一，重量轻，强度高，形体新奇，富于时代感的特点。

（7）树根家具

这是一类以自然形态的树根、树兜、树枝、藤条等天然材料为原料，略加雕琢后经胶合、钉接、修整而成的家具，具有朴实清新的田园风貌。常为台几和座具，如图2-53。

（8）悬浮家具

以高强度的塑料薄膜制成内囊，在囊内充入水或空气而形成的人体家具即为悬浮家具。悬浮家具主要有沙发（图2-54）和床。水垫床可以实现水垫温度自动控制，是一种医疗和保健用的理想卧具。

思考题

1．英国家具史中的"四杰"其家具设计各有什么特点？
2．为什么说明式家具代表了中国古典家具的最高成就？它和清式家具有什么不同？
3．现代风格家具与传统家具之间最主要的差异在哪里？
4．北欧以及意大利家具的发展对中国现代家具有什么启示意义？
5．试分析各类材料的视觉与物理特性，如何在家具设计中合理运用它们？

第 3 章
家具设计要素

3.1 家具设计中的形式要素

3.2 家具设计中的内容要素

家具设计要素包括形式要素和内容要素。形式要素主要包括构成家具造型形态的点、线、面、体等几何要素和影响家具表面形态的质地、肌理、色彩等装饰要素两个方面内容；内容要素主要包括影响家具设计的人体生理要素和心理要素，由材料、工艺、设备、结构形式构成的技术要素和环境要素。在进行家具设计时，这些要素都直接对其产生影响，所以只有综合考虑各种设计要素，才能设计出造型美观、方便生产以及与环境协调的家具产品。

3.1 家具设计中的形式要素

家具设计的形式要素主要包括构成家具造型形态的点、线、面、体等几何要素和影响家具表面形态的质地、肌理、色彩等装饰要素两个方面内容。家具造型形态设计要符合点、线、面、体构成的几何美学规律；表面装饰要遵循质感、肌理、色彩的设计原则。

3.1.1 造型的几何要素

3.1.1.1 点

（1）点的概念

在几何学的概念里，点只有位置而没有大小及具体形象。但在造型设计中，点的位置和形状是肯定的，而点的大小则是相对的。如图3-1所示，同样大小的两个点，当其周围加上更小的点时，便感觉出面的视觉效果，当其周围加上更大的点时，便感觉出点的特性。图3-2是同样两个细长形的点，当周围加上更短的点时，便有了线的感觉，而当周围加上更长的线时，其点的感觉就更加强烈。

（2）点的类型

点的形状可以是圆形、球体、正方形、长方形、三角形或其他任意形状（图3-3）。家具上的点，如家具上的拉手、锁孔，沙发上的装饰包扣、泡钉，以及家具上的局部装饰小五金件等，在家具造型中可起到画龙点睛的作用，是家具造型设计中不可多得的具有较好装饰效果的功能附件（图3-4）。

（3）点的构成和性格

点的构成就是点的排列形式。点的构成形式可分为如下几种：

① 点的不连接构成：可分为点的等间距不连接构成（图3-5）和点的变间距不连接构成（图3-6）。等间距不连接构成具有规则、整齐的效果，给人一种静止的安详感和有规律的美感，但缺少个性和变化。变间距不连接构成则产生动感，显示个性，形成富于变化的画面。

② 点的连接构成：也可分为点的等间距连接构成（图3-7）和点的变间距连接构成（图3-8）。等间距连接构成具有秩序美，但单调、乏味。变间距连接构成具有强烈刺激效果。

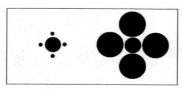

图3-1

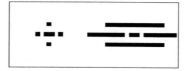

图3-2

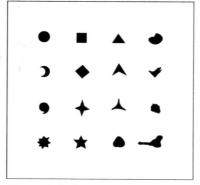

图3-3 点的形式示例

图3-4 家具表面点的设计示例

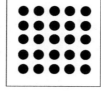

图3-5 等间距不连接

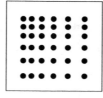

图3-6 变间距不连接

图3-7 等间距连接

图3-8 变间距连接

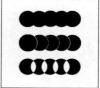

图3-9 重叠（合叠、盖叠、透叠）

③ 点的重叠构成：有合叠、盖叠和透叠3种。合叠所产生的效果是平面的，根据点集中的情况不同，有时会强调出线的性格，而有时又会强调出面的性格。盖叠能表现出远近感或深度感，若在各点上再施以适当的明暗变化，则三次元性格更强。透叠虽三次元表现减弱，透明的质感却加强，同样能产生出另一种魅力（图3-9）。

④ 点的线化或面化：点通过连接、不连接、重叠、组合可构成虚线和虚面，通过变化点的大小、形状和间隔，可产生出变化多样的明暗调子及立体和空间的效果。

⑤ 点的自由构成：不受任何条件限制，可通过疏密变化、方向上的统一或变化、大小或形的变化来追求更富运动感、韵律感、空间感、自由而生动的效果。

3.1.1.2 线

(1) 线的概念

在几何学的概念里，线是点移动的轨迹，只有位置和长度，而没有宽度和厚度。从直觉和理念来看，线又是面的界限，也是面与面的交界以及点与点的连接。作为造型要素的线，在平面上它必须有宽度，在空间中必须有粗细，这样对于视觉才有存在的意义。因此通常把长宽相差悬殊的面称作线，反之则为面。线以长度和方向为主要特征，如果缩短长度，就会失去线的特征，而成为点或面；如果增加宽度也会失去线的特征，只能作为点或面来加以解释（图3-10）。

(2) 线的类型

线是构成一切物体的轮廓形状的基本要素。而直线与曲线又是线的两大体系，共同构成决定一切形象的基本要素。

点的移动方向不变时就构成直线；点的移动方向不断变化时就构成曲线；当点的移动方向间隔变化时则构成折线。此外，根据线的粗细、方向、位置等，直线还可分为粗直线、细直线、子母线、垂直线、水平线、倾斜线；曲线则有几何曲线和自由曲线。（图3-11）

在家具造型中，线型的零件，如木方、钢管等；板件的边线；门与门、抽屉与抽屉之间的缝隙；门或屉面的装饰线脚；板件的厚度封边条；家具表面织物装饰的图案线等（图3-12）。

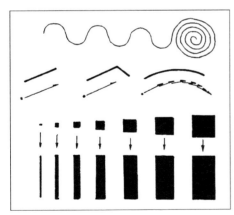

图3-10 线的形成与概念

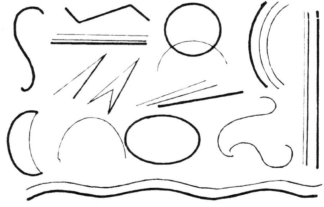

图3-11 线的类型

图3-12 线在家具造型中的应用

(3) 线的性格和构成

① 线的性格：线富于变化，对动、静的表现力最强，一般直线表示静，曲线表示动。在家具造型设计中线是最富有表现力的要素，线比点具有更丰富的变化，也具有更丰富的性格和情感特征。

直线：坚硬、顽强、单纯、简朴，具有男性美的特征。粗直线表示强健与力量，具有粗犷的力度美。细直线则表示轻快、敏捷、锐利的性格。垂直线显得挺拔端庄（图3-13），水平线则显平稳安定（图3-14）。例如，我国南方家具较细的线材构件，给人一种纤细、敏锐的心理感觉；而北方家具常用较粗壮的线材构件，给人一种豪爽、拙朴、厚重的感觉。在哥特式家具设计中多运用垂线，给人一种挺拔、庄严感；而水平线则显得宽广、沉稳。家具设计中若用斜线则给人一种方向感和强烈的动感。

曲线：流畅、活泼、柔软，给人以亲切、优雅之感，具有女性柔美的特征。几何曲线规律，富有弹性，给人理智的明快感。自由曲线婉转曲折，优美、轻快、流畅，富有柔和、优雅之感（图3-15）。

② 线的构成：主要有不连接构成、连接构成和交叉构成等。

线的不连接构成：又可分为等间距不连接构成和变间距不连接构成。用直线来进行等间距不连接构成，在有秩序的美感中，会显得有些单调和乏味。可适当运用错位、粗细变化和长短变化来加强画面的生动感。也可采用圆线等间距不连接构成，通过圆线长短的变化（即圆的半径和大小的变化）能产生丰富的空间效果（图3-16）。还可通过线的间距的递增或递减来实现变间距的线的不连接构成，能体现出有渐变、节奏的秩序美感（图3-17）。

线的连接构成：直线的连接构成可以是线的端点连接和线的端点与中心连接两种。端点连接又可分为开放式连接、闭合式连接和发射式连接等几种（图3-18）。圆线的连接构成可分为大圆包小圆的内接（图3-19）和圆与圆并列的外接两种。

线的交叉构成：是线的连接构成的进一步发展。在线的连接构成中经常出现交叉构成的现象，交叉构成是线构成的主要形式，通过不同线形的交叉，可以构成丰富多变的画面（图3-20）。

图3-13 垂直线的应用　　图3-14 水平线的应用　　图3-15 曲线的应用

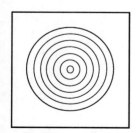 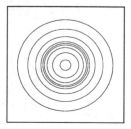 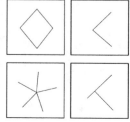 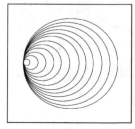 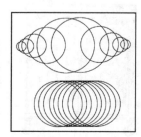

图3-16 等间距不连接构成　图3-17 变间距不连接构成　图3-18 直线的连接构成　图3-19 圆线的内接连接　图3-20 圆线的交叉构成

线的点化与面化：点的连续会形成虚线，相反，线的中断也会造成虚的点的感觉，若增加线中断的数量，就会产生闪烁之亮点的视觉效果（图3-21）。

线如果大量密集，同样会产生强烈的面的感觉。若把线作方向、线性的改变，将产生不同的转折、不同的起伏和不同的感情变化的面（图3-22）。

线的自由构成：可通过线的疏密变化、节奏以及韵律的组合，同时运用一些特殊的表现手法、特殊的工具和材料，进行创造性的构成，使画面更生动、活泼、纯朴和人情味更浓。

3.1.1.3 面与形

（1）面的概念

在几何学的概念里，面是线移动的轨迹。在造型设计中，线移动、点扩大、线加宽、点密集、线密集、线交叉、线包围都可形成面。点和线的密集、线交叉形成的是虚面，点和线的扩展形成的是实面，面的分割、面与面的重叠、拼接、组合也可形成新的面形。直线平行移动形成矩形面，直线倾斜移动形成菱形面，直线回转运动形成圆形面，直线沿不同支点摆动可形成扇形或双扇形等平面图形（图3-23）。

（2）面的类型

面有平面和曲面两大类。

平面有几何形平面和非几何形平面两大类，几何形是以数学的方式构成的，非几何形则是无数学规律的图形。

正方形和圆形是相互对立的形态，同时具有规则的、构造单纯的共性，若从正方形开始，经五边形、六边形……多边形，就会逐渐变成圆形，由圆、椭圆、半椭圆这样变形和分割，一方面可得到新的图形，另一方面可体现图形的相互近似性、亲近性或对立性等。如果以正方形和圆形作为基本形，将正方形作为直线系的出发点，圆形作为曲线系的出发点，两者之间则增加由直线曲线构成的图形，可以配组出各式各样的曲线形，如同树干长出枝杈并结出许多复杂的不规则果实一般。这种形环和形树可作为研究形的类似性和对比性的参考（图3-24、图3-25）。

有机形是以自由曲线为主构成的平面图形，它不如几何图形那么严谨，却也不违反自然法则，它常取形于自然界的某些有机体造型。不规则形则是指人有意创造或无意中产生的平面图形。

曲面有旋转曲面、非旋转曲面以及自由曲面。

面具有幅度感，由于在各个方向的幅度、比例、曲直的不同就产生各种不同的"形"。形是面的主要视觉特征，凡是面都具有特定的形，没有形的面是不存在的。

图3-21 线的中断形成的虚点

图3-22 线的方向变化形成的起伏

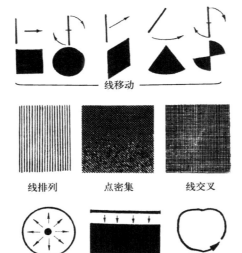

图3-23 面的概念和构成形式

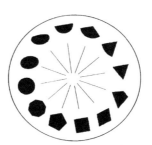

图3-24 形环（形的关系）

图3-25 形树（形的变化）

面不仅有点的位置、空间张力和群化效应，还有线的长度、宽度和方向的特征，以及面自身具备的特征——面积"量"感。由不同材料构成的面还具有色彩、质地和肌理等视觉特征。

(3) 形与面的情感特征

① 几何形：形状规则整齐，具有简洁、明确、秩序之美感。其中正方形、三角形、圆形、梯形等几何形又具有各自截然不同的情感特征。

正方形：坚固、强壮、稳定、静止、正直和庄严。但正方形有单调感。设计时可通过与其他的面线配合来丰富造型，打破单调感。

三角形：斜线是它的主要特征，它丰富了角与形的变化，显得比较活泼，正立的三角形能唤起人们对山丘、金字塔的联想，是锐利、坚稳和永恒的象征。倒置的三角形有不安定感，但作为家具造型总体中的一个构件，却能使人感到轻松活泼。

圆形：温暖、柔和、愉快。椭圆也较为明快，而且长短轴的改变，会给人以缓急变化的印象，在家具设计中运用椭圆能产生一种流畅、秀丽、温馨之感。

梯形：正梯形上小下大，具有良好的稳定感和完美的支持承重效果。家具中梯形向外倾斜的桌椅脚的运用，有着优雅轻快的支持效果和视觉上的平稳感。

② 不规则形：具有个性化的特征，常给人以轻松活泼的感觉，在家具中采用不规则形多用于有机仿生设计上，会使家具形象更丰富，性格更突出。

③ 曲面：温和、柔软，具有动感和很浓的亲切感。几何曲面具有理智的感情，而自由曲面则性格奔放，具有丰富的抒情效果。曲面在软体家具和塑料家具中得到广泛应用。

面或形在家具造型设计中的应用，一是以板面或其他实体的形式出现；二是由条块零件排列构成面；三是由线型零件包围而构成面。这些面分别以几何形或非几何形出现。在家具造型设计中不同形状板面的设计能给人不同的心理感受（图3-26、图3-27）。

3.1.1.4 实体与虚体

(1) 体的概念

在几何学概念里，体是面移动的轨迹。面移动通过与自身面形成角度的方向移动或是通过面的旋转得到体的形态，或由点、线、面包围起来所构成的空间（图3-28）。它是三维形式。体的感知可从多角度观看，同时也可以直接触摸，作为三维物象，体叫做"型"，而不能叫做"形"。

(2) 体的类型

体有几何体和非几何体两大类。几何体有正方体、长方体、圆锥体、圆柱体、三棱锥、多棱锥、球体等（图3-29）；非几何体泛指一切不规则的形体。

图 3-26 平面和曲面的应用

图 3-27 不同形的面的应用

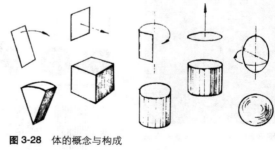

图 3-28 体的概念与构成

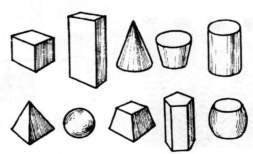

图 3-29 几何体的基本类型

(3) 体的构成

体可通过如下方法构成：线材空间组合的线立体构成；面与面组合的面立体构成；固体的块立体构成；面材与线材、块立体的综合构成。体的切割与叠加还可以产生许多新的体。

由于体构成的方式不同，因而体又可分为实体和虚体。由块立体构成或由面包围而成的体叫实体（图3-30）；由线构成或由面、线结合构成，以及具有开放空间的面构成的体称为虚体。如图3-31所示的抽屉柜，上部分的抽屉由实体构成，而下部分由腿构成一个虚体。虚体根据其空间的开放形式，又可分为通透型、开敞型与隔透型。通透型即用线或用面围成的空间，至少要有一个方向不加封闭，保持前后或左右贯通。开敞型即盒子式的虚体，保持一个方向无遮挡，向外敞开。隔透型即用玻璃等透明材料作盒子的面，在一向或多向具有视觉上的开敞的空间，也是虚体的一种构成形式。如图3-32所示书柜，上部的空格是没有背板、前后相通的为通透型，中部有背板的空格则为开放型，而右边带玻璃门构成的体称之为隔透型。

体的虚实之分是产生视觉上的体量感的决定性因素，也是丰富家具造型的重要手法之一，在家具形体中，用细长零件围合的空间，如台、桌、椅、凳类；或用开放式的柜面处理；以及用玻璃围合的空间等都是形成虚空间的具体办法。而用固态的块体或用围合的全封闭体则是形成实体的常用手法。在家具造型设计中，正方体和长方体是用得最广泛的形态，如橱柜类家具。体的构成，可以通过线材的空间围合构成的虚体和由面组合或块立体组合成的实体。虚体和实体给人心理上的感受是不同的，虚体使人感到轻快、透明感（图3-33），而实体则给人一种重量感，围合性强。体的虚、实处理给造型设计作品带来强烈的性格对比。

(4) 体的情感

几何体所表现的情感与几何形相似，但立体会给人在视觉上感到一定的分量，这就是体量感。任何几何体和非几何体都可形成一定的体量感。体量大使人感到形体突出，产生力量和重量感；体量小则使人感到小巧玲珑，有亲近感。形体呈实体时，使人有稳固牢实之感；形体呈虚体时则显得轻巧活泼。决定家具形体体量大小和虚实程度的因素一是功能尺寸，二是材料和结构形式，三是艺术处理的需要。

图3-30 实体构成的家具　　图3-31 抽屉柜　　图3-32 虚体的类型

图3-33 虚体构成的家具

3.1.1.5 形态

形态是造型设计基本要素点、线、面、体的总称。形态是我们视觉所感知的有关形的方圆、曲直、大小、轻重等要素的总的状态。几何学上的点、线，由于没有大小，宽窄，所以不能感知它的存在，只能是一种理念形态。如果点有大小，线有长短、宽窄等规定时，尽管这些要素仍然是无法感触的，但可以感知它的大小，类似于现实形态，所以称之为纯粹形态，是一种抽象的形象。

现实形态是实际存在于客观事物中的形态，如天然的树干、石块、山等自然物，以及经人的劳动加工创造出来的房子、家具等人造物。现实形态是可以直接感知的客观形态。

理念形态虽是非现实的形态，可是为了当做造型对象或素材，必须给予直观化，也就是说该采用什么样的材料，用怎样的手段来完成这个理念形态。例如，一把椅子用木材、金属、竹藤及塑料等都可以制造。对理念形态，我们只把椅子单纯化、概念化，而不管用什么材料，材料的属性对概念的椅子毫无意义。然而，对现实形态，材料的选用则是至关重要的。所以可以认为理念形态是现实形态构成要素的初步表现。

理念形态的研究与应用，是一种设计要素的基础训练途径，是设计人员获得设计技能及造型表现的有效方法。设计人员必须培养自己对于各种形态的精锐观察力、思考力，并训练对于各种形态的感觉效果与表现，只有这样才能不断提高审美意识和设计能力。

3.1.2 质感与肌理

3.1.2.1 质感与肌理的概念

（1）质感

质感即人对某种材料的材质感觉。质的本质特征就是物质材料的肌理、反光、软硬和冷暖。设计时要强调合理运用肌理效果，使家具产生满意的质感，提高家具的宜人性和美感，使人在使用家具时产生亲近感，增加家具对人心理上的吸引力。

（2）肌理

肌理（或称材质）是物质材料表面的组织构造。通常说的质地、手感、触感、织法、纹理都是我们称之为肌理的内容。肌理能细致入微地反映出不同物质的材质差异，是物质的表现形式之一。它能体现出物体的个性与特征，是物体美感的表现形式之一。

3.1.2.2 肌理（材质）的种类

肌理按感觉可分为视觉肌理和触觉肌理。

视觉肌理是一种不需触摸，用眼就能感觉到的肌理，包括物体表面、表层纹理及色彩图案。视觉肌理可分有光和无光，细腻和粗糙，有纹理和无纹理。

触觉肌理是可以用手触摸感知的肌理，是触觉的，又是视觉的，不但给人以生理感受，还能给人心理上一定的影响。触觉肌理可分粗与细，凸与凹，软与硬，冷与热。

不同的材料有不同的质感，即使同一种材料，由于加工方法不同也会产生不同的质感。为了在造型中获得不同的质感以产生对比的效果，可根据设计要求，将不同质地的材料配合使用，或采用不同的加工方法，以形成不同的质地，丰富家具造型，起到装饰作用。

特别要注意的是，充分发挥天然材料的材质美是现代家具设计的重要手法之一。

3.1.2.3 肌理的情感特征

不同材料的肌理（图3-34），可给人以不同的情绪感受。就主要的典型的几种肌理而言，它们分别具有如下情感特征：

粗糙无光时，显得笨重、含蓄、温和；

细腻光滑时，显得轻快、柔和、洁净；

质地柔软时，显得友善、可爱、诱人；

质地坚硬时，显得沉重、排斥、引人注目。

3.1.2.4 肌理在家具设计中的应用

家具用材丰富多彩，家具肌理随之变化，家具设计就是通过不同材料的搭配，或相同材料通过不同工艺处理而实现肌理的变化，获得不同的效果。家具材料的肌理包括纹理和质地两种类型。木纹是木家具特有的装饰要素，粗木纹、细木纹、扭曲的木纹、通直的木纹、显眼的木纹、浅淡的木纹，均可根据设计要求进行选择和搭配。木材表面通过涂饰工艺处理还可获得高光、亚光和消光等不同的质地和视觉效果。家具设计还可将皮革、金属、玻璃等不同材料合理搭配，得到不同的质感，从而丰富视觉效果。（图3-35、图3-36、图3-37）

图3-34 肌理

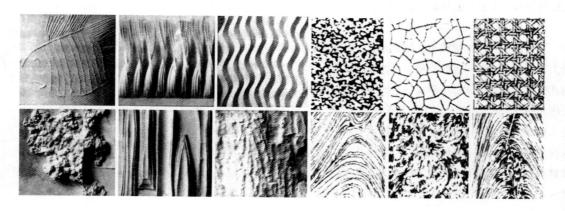

图 3-35 天然木纹的肌理

图 3-36 科技木的肌理

图 3-37 不同材料的肌理表现

3.1.3 色彩

色彩与材质是家具造型设计的构成要素之一。"远看颜色近看花",一件家具给人的第一印象首先是色彩、其次是形态、最后是材质。色彩、形态和材质具有极强的表现力,在视觉上,触觉上给人以心理与生理的感受与联想。

色彩在家具中本身不能独立存在,它必须依附材料和造型,在光的作用下,才能呈现。如各种木材丰富的天然本色与木肌理,鲜艳的塑料、透明的玻璃、闪光的金属、染色的皮革、染织的布艺、多彩的油漆等。从一件完美的家具来看,通过艺术造型、材质肌理、色彩装饰的综合构成,传递着视觉与触觉的美感信息,在现代家具设计的范畴里,视觉因素与心理因素,触觉因素与生理因素二者互为因果关系,是现代家具设计重要的一环,两者分担着人类的精神文明与物质文明生活。

3.1.3.1 色彩的基本知识

(1) 色彩的三属性

① 色相:又称色别、色性、色调,指颜色的种类和名称,是一种颜色区别于其他颜色的要素。如红、黄、绿、蓝、紫等为不同的基本色相。

从光学意义上讲,色相差别是由光波的长短产生的。即便是同一类颜色,也能分为几种色相,如黄颜色可以分为中黄、土黄、柠檬黄等,灰颜色则可以分为红灰、蓝灰、紫灰等。光谱中有红、橙、黄、绿、蓝、紫6种基本色光,人的眼睛可以分辨出约180种不同色相的颜色。

② 明度:又称色度,是颜色的深浅程度或明暗程度。它有两方面的意义,一是指不同颜色相比较的明暗程度,二是指各种颜色其本身的明暗程度。不同的颜色具有不同的明度,如在红、橙、黄、绿、青、蓝、紫中,黄色明度最高,紫色明度最低,绿、红、蓝、橙的明度相近,为中间明度。另外在同一色相中明度还存在深浅的变化。如绿色中由浅到深有粉绿、淡绿、翠绿等明度变化。而各种颜色受光部分颜色浅,明度高;背光部分则颜色深,明度低。在同一种颜料中,加入白色则颜色浅,明度高;加入黑色则颜色深,明度低。

③ 纯度:也叫色度、彩度或饱和度,指色彩的鲜艳程度,即某一颜色中所含彩色成分的多少。鲜艳的颜色纯度高,发暗的颜色纯度低。原色最纯,颜色的混合越多则纯度越低。如某一鲜亮的颜色,加入了白色或者黑色,使得它的纯度低,颜色趋于柔和、沉稳。距离光谱色愈近的色,纯度愈高,反之纯度越低。

图 3-38 所示的色立体是借助于三维空间的透

视理论，立体地表现色彩的色相、明度和纯度的一种色彩坐标体系。这种坐标的构成方式，可帮助人们学会从平面的角度分析理解色彩在空间的延续。图 3-38 中的椭圆形是表示色彩相貌的色相环。当中的一条竖线是明度线，轴线的下端是黑色，上方是白色，两色相混后排列出由明到暗的明度轴线。由球表面的色相环的一点延伸出水平线，直指明度轴一点的这条线表示纯度，也被称为纯度阶段。这一段上的色只有纯度变化，而没有明度和色相的变化。从中可看到色彩的色相、明度、纯度三者之间的立体关系，是决定色彩千变万化的核心，在具体应用中必须统筹考虑。

(2) 原色、间色、复色和补色

① 原色：称为第一次色，指用任何颜料也调配不出的色，所以原色是最基本色。原色能够混合调出其他一切颜色。颜料中以红、黄、蓝为原色。而色光中的三原色为红、绿、蓝。

自然界中所有的颜色都是由红、黄、蓝组合而成。我们在自然界中看到的大部分物体都是因为反射光和透射光的作用，所以对于反射光和透射光而言，三原色是红、黄、蓝（图 3-39）。

光源的三种基本色光的选择标准，一是一种颜色不可由另两种颜色相加而成，再有就是三种基本色能配出越多颜色越好，最符合上述标准的是红、绿、蓝三种光色，所以对于光源而言，三原色就是红、绿、蓝（如计算机显示器上出现的色彩就是光源色）。

② 间色：称为第二次色，即由两种原色混合而成的颜色。间色有橙色、绿色和紫色 3 种。

红 + 黄 = 橙

黄 + 蓝 = 绿

红 + 蓝 = 紫

③ 复色：称为第三次色，复色可由三种原色混合（以一种原色为主）、一种原色和一种间色混合、间色混合而成或原色和灰色混合。复色的种类多，但纯度低，多含灰的成分。例如：

橙 + 绿 = 黄灰

橙 + 紫 = 红灰

紫 + 绿 = 蓝灰

④ 补色：又称为互补色或余色，指一种对比关系。一种原色（例如，红色）与另外两种原色混合而成的间色（例如，蓝绿或绿色）之间呈互补色的关系，即红色是蓝绿色的补色，蓝绿色也是红色的补色。同理，黄色与蓝紫色、绿蓝色与橙色也是补色（图 3-40）。

(3) 色彩的感受

① 色彩的情绪性感受：色彩运用的最终目的是表达和传递情感。色彩本身无所谓情感，这里所说的色彩情感只是发生在人与色彩之间的感应效果。人对色彩的情绪性感受，即色彩的心理效应，主要反映在兴奋与沉静、活泼与忧郁、华丽与朴素等方面。

兴奋与沉静：会引起观者兴奋的颜色有红、橙、黄等色，称为"兴奋色"；而使人有沉静感的颜色，如蓝、绿等纯色，称为"沉静色"。至于既不属于兴奋色也不属于沉静色的色彩，称为"中性色"，如绿色与紫色，是兼具兴奋与沉静两方面性质的颜色。暖色属于兴奋色，而冷色属于沉静色。明度高的颜色、富积极性，为兴奋色，暗淡的颜色较消极，属于沉静色。纯度高的色彩给人以紧张感，有兴奋作用，纯度低的颜色及灰色给人以舒适感，有

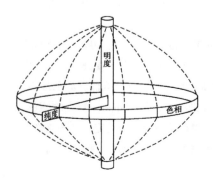

图 3-38 色相、明度、纯度的关系解析图

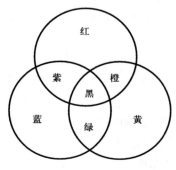

图 3-39 颜色三原色和三间色

图 3-40 补色

镇静作用。

活泼与忧郁：运用色调的明快活泼感，可产生优美愉悦的效果。一般说来，明度高的颜色使人感到活泼轻快，明度低的混浊色使人感到忧郁。白色与其他色相配使人感到活泼，深灰或暗黑色使人感到忧郁。暖色、纯色、明色以及对比强烈的色彩使人感到清爽、活泼、愉快。

华丽与朴素：一般纯度高的色彩使人感到华丽，纯度低的色彩使人感到朴素。明度高的色华丽，明度低的色朴素。白色和金属色华丽，黑色和灰色则朴素。色彩也有档次感，有气派的、华贵的色调总是用于高档的产品，那些朴实大方的色调总是与大众化的日用品相联系。时装广告、化妆品广告常常用纯度高、明度高以及对比强烈的色彩来表现，给人以华丽感。运用色调的档次感，可体现产品的不同品味。

② 色彩的功能性感受：主要表现在冷暖感、轻重感、软硬感、大小感、远近感等方面。

温度感：在色彩学中，把不同色相的色彩分为暖色、冷色和温色，从红紫、红、橙、黄到黄绿色称为暖色，以橙色最暖。从青紫、青至青绿色称为冷色，以青色为最冷。紫色是红与青色混合而成，绿色是黄色与青色混合而成，因此是温色。这和人类长期的感觉经验是一致的，如红色、黄色，让人似看到太阳、火、炼钢炉等，感觉暖；而青色、绿色，让人似看到江河湖海、绿色的田野、森林，感觉凉爽。但是色彩的冷暖既有绝对性，也有相对性，越靠近橙色，色感越暖，越靠近青色，色感越冷。如红比红橙较冷，红比紫较暖，但不能说红是冷色。此外，还有补色的影响，如小块白色与大面积红色对比下，白色明显地带绿色，即红色的补色的影响加到白色中。

距离感：色彩可以使人感觉进退、凹凸、远近的不同，一般暖色系和明度高的色彩具有前进、凸出、接近的效果，而冷色系和明度较低的色彩则具有后退、凹进、远离的效果。室内设计中常利用色彩的这些特点去改变空间的大小和高低。

重量感：色彩的重量感主要取决于明度和纯度。明度高的显得轻，明度低的色彩使人感到重。当明度相同时，纯度高的显得轻，纯度低的色彩使人感到重。如在室内设计的构图中常以此达到平衡和稳定的需要以及表现性格的需要（如轻飘、庄重等）。

体量感：色彩对物体大小的作用，包括色相和明度两个因素。暖色和明度高的色彩具有扩散作用，因此物体显得大，而冷色和暗色则具有内聚作用，因此物体显得小。不同的明度和冷暖有时也通过对比作用显示出来，室内不同家具、物体的大小和整个室内空间的色彩处理有密切的关系，可以利用色彩来改变物体的尺度、体积和空间感，使室内各部分之间关系更为协调。

柔软与坚硬感：中等明度和中等纯度的色柔和，如淡绿、淡蓝、浅黄、粉红、灰色；纯度高和明度低的色坚硬，白色和黑色为坚硬色。

人对色彩的感受与色彩三属性的关系如表 3-1 所示。

(4) 色彩的联想
① 色相引起的具体联想：见表 3-2。
② 色相引起的抽象联想：见表 3-3。
③ 色相引起的独特联想：见表 3-4。
④ 色调引起的抽象联想：见表 3-5。

表 3-1　色彩感受与相关属性

色彩的感受	相关的主要属性
活泼、忧郁	明度、黑、白
华丽、朴素	纯度、明度、金属色
冷、暖	色相
轻、重	明度、纯度
大、小	色相、明度
远、近	色相、明度
柔软、坚硬	纯度、明度、黑白

表 3-2　色相引起的具体联想

色相	具体联想
橙色	火光、橘子、橙子、蛋黄、秋叶、胡萝卜
黄色	向日葵、玉米、蛋糕、柠檬、黄金、油菜花
绿色	森林、田野、草原、绿叶、禾苗
蓝色	天空、海洋、湖泊、血管、水、宇宙
紫色	彩霞、紫云、花朵、葡萄、紫罗兰、紫丁香
白色	雪花、浪花、奶汁、白纸、砂糖、面粉
黑色	黑夜、深渊、地道、污泥、煤炭、乌鸦

表3-3　色相引起的抽象联想

色相	抽象联想
橙色	愉快、激情、活跃、热情、精神、活泼、甜美、温暖、高兴、热闹
黄色	光明、希望、愉悦、开心、阳光、明朗、动感、欢快、发展、精神
绿色	舒适、和平、安全、新鲜、青春、希望、安宁、温和
蓝色	清爽、开朗、理智、沉静、深远、伤感、寂静、诚实
紫色	高贵、神秘、豪华、思念、悲哀、温柔、女性、庄重
白色	洁净、明朗、清晰、透明、纯真、虚无、简洁、神圣
灰色	暧昧、沉静、压抑、忧虑、哀伤、暗淡、平易、内向、消极、失望、抑郁
黑色	深沉、庄重、成熟、不稳、不安、压抑、悲感、迟钝、死亡、阴沉、严厉

表3-4　色相引起的独特联想

色相	独特联想
黄色	色情、稳定、庄严、吉祥
绿色	抚育、生机、和平、安定
蓝色	青春、希望
紫色	高贵、雍容、尊严、神秘
白色	纯洁、清楚、正派、清白、明白
黑色	不洁、罪恶、不安

表3-5　色调引起的抽象联想

色调	抽象联想
亮调	年轻、和煦、光辉、新鲜、开朗、女性化、华丽、健康、幸福、愉快
浅调	清爽、简洁、柔和、安全、成熟、明媚、凉爽
浅清调	清澈、开朗、流通、浪漫、甜蜜、幸福、明媚、凉爽
浅浊调	干脆、简洁、柔弱、消极、成熟
暗调	朴实、苍老、老练、深邃、坚强、充实、男性化、稳定、沉着
涩调	安稳、柔弱、朦胧、沉着、平静、朴实
深调	生动、高尚、趣味、老练、深邃、充实、古雅、传统

3.1.3.2 家具色彩设计

（1）家具色彩的形成

家具装饰色彩主要通过如下途径获得：

① 家具材料的固有色：木家具是以木质材料为主要基材的家具，木材种类繁多，不同的木材具有不同木材固有色。如栗木的暗褐色、红木的暗红色、檀木的黄色、椴木的象牙黄、白松的奶油白等。木材的固有色或深沉、或淡雅，都有十分宜人的特点。木材的固有色通过透明涂饰或直接打蜡抛光而表现出来。

家具用材还可采用各种金属、塑料、玻璃、藤竹、石材等材料，这些材料都具有各自独特的固有色。一件家具可采用一种材料，也可几种材料搭配使用，这样利用每种材料的固有色，即可获得丰富多彩的家具装饰色彩。

家具材料分为天然材料和人造材料，天然材料本身所具有的自然色彩一直以来受到世人的青睐，而人造材料的色彩更加丰富多彩。

② 保护性的涂饰色：大多数家具都需要进行表面涂饰处理，以提高其耐久性和装饰性。涂饰可分为透明涂饰和不透明涂饰。透明涂饰可不改变家具材料的固有色，也可通过对家具材料染色处理，改变材料的固有色，得到深浅不同的符合设计要求的色彩效果，并使家具色彩更加均匀一致。通过对家具材料染色处理，还可提高材料的档次，例如，可通过染色使低档木材具有珍贵木材的外观特征。不透明涂饰可用各种设计的人造色覆盖材料的固有色，形成一种材料所没有的设计色，家具通过不透明涂饰可获得丰富多彩的表面装饰色彩。

钢家具表面可通过电镀得到富丽豪华的金、银色，也可通过彩色电镀和喷塑处理，进一步丰富家具的色彩。

③ 贴面材料的装饰色：现代家具大多采用各种人造板作为基材，各种人造板材做家具，通常需要在人造板材的表面覆贴各种各样的装饰贴面材料。

家具上常用的装饰贴面材料有各种天然薄木、人造薄木、印刷装饰纸、PVC、高压三聚氰胺装饰板、合成树脂浸渍纸、塑料薄膜，还有各种纺织物、合成革、金属箔等贴面材料。这些装饰贴面材料对人造板进行表面贴面装饰，一方面可起到保护人造板表面的作用，一方面又可对人造板表面提供各种装饰色彩和图案，进行美化装饰。

④ 金属、塑料等五金装饰件的装饰色彩：家具生产中常常要用到各种金属和塑料等五金装饰件，这些五金装饰件可采用电镀或喷塑处理形成金、银等丰富的色彩。这些五金件的装饰色彩可对家具进行点缀装饰作用。这是形成家具局部色彩的重要途径。

⑤ 软包家具的织物附加色：床垫、沙发、躺椅、软靠等家具及其附属物、包面织物的色彩对床、椅、凳、沙发等家具的色彩常起到支配或主导作用，是形成家具色彩的又一重要方法。软包织物也是渲染室内气氛的重要组成部分。

(2) 确定家具色彩的原则

家具色彩设计时要遵循以下原则：

① 功能性原则：家具的色彩设计和造型设计一样，应服从家具的功能要求。如办公家具通常将不同种类、不同亮度、不同明度的灰色用于办公桌或大块的色面，以显示活泼而不失稳重；黑色和暗咖啡色用于老板椅或会客室用椅，以表示既大气又较低调，素蓝和暗红可作办公室用椅，为员工的工作环境增添一些快乐的色彩，办公家具用色合理有助于提高办公效率；餐厅家具应以橙色等暖色调为主，以激发食欲；卧室家具应以淡雅的冷色调为主，使人有沉静感和安宁感，以利于休息；医院家具以白色为主，以显示洁净和避免色彩干扰，以利于治病养病。

② 与室内环境协调原则：统计资料表明，在起居室、办公室、卧室等房间中，家具占地面积约为房间面积的40%~60%，整个室内环境的气氛，在很大程度上受家具的造型、色彩、尺度、比例的影响。对于家具的室内环境而言，家具一般应与室内界面，即墙面、地面、天花板色彩相适应，以使整个室内的色调和谐统一。同时家具色彩又可作为前景被墙面所衬托，故可采用对比的手法。这两种方法应根据具体的要求和条件而定。

采光较好的室内可采用深色调、或中性色调的家具，使室内典雅华丽，而采光条件较差的室内则宜采用纯度、明度较高的浅色家具，以便突出家具形体。

如果房间面积较小，墙面为冷色调，家具也宜采用冷色调，纯度和明度可以略有差异，呈间色关系，使家具隐退到墙壁中，与墙体浑然一体，形成同一个背景，以扩大室内空间感。如房间较大，家具也不多，则家具色彩宜与墙面色彩有较大的差异，甚至成补色关系，由此突出家具的前景位置，使墙面起衬托背景作用，这样可减小房间的空旷感。

家具色彩还应与室内风格相适应。例如，传统风格的室内宜采用沉稳的深色调家具；日式和风的室内家具宜采用木本色；法式风格的室内多采用浅色调（如奶白色或奶粉色等）家具；而现代感较强的室内家具宜用纯度较高的色彩。

③ 适合人的生理、心理性原则：家具色彩也应因人而异，如老年人适合具有稳定感的色系，沉稳的色彩也有利于老年人身心健康；青年人适合对比度较大的色系，让人感觉到时代的气息与生活节奏的快捷；男人喜欢庄重大方的色彩；女人喜欢淡雅而富丽的色彩；儿童适合纯度较高的浅蓝、浅粉色系；运动员适合浅蓝、浅绿等颜色以解除兴奋与疲劳；军人可用鲜艳色彩调剂军营的单调色彩。

体弱的老年病人，暖色调可使之心绪愉快，以增进新陈代谢机能；年青的伤病者，用些冷色有利于抑制冲动和暴躁。另外当家庭人口少而感到寂寞时，房间宜用暖色；家庭人口多而觉得喧闹时，适宜冷色。司机和炼钢工人的居室宜用冷色，以保证眼睛得到充分休息。

④ 尊重不同地区、民族习惯的原则：不同地区和民族因地理环境、气候条件、生活习俗、宗教信仰、文化沿革的不同，对色彩有着不同的好恶感，有些对色彩还有不同的禁忌。如我国和东方许多民族视红色为喜庆、热情、幸福的象征；信奉伊斯兰教的民族，对绿色特别亲切，视之为生命之色，而他们最讨厌黄色，因他们把黄色与不毛之地的沙漠联系在一起；西方某些国家，认为绿色有嫉妒的意思；在我国和古罗马，黄色作为帝王之色而受到尊重，但在信奉基督教的国家，黄色被认为是叛徒犹大的服装色，视为卑劣可耻之色。

随着世界家具需求的国际化，家具生产、销售的国际化也随之出现。我国已成为世界家具生产大国和世界第一大家具出口国，遍布全球 200 个国家和地区。对出口家具的色彩设计，如何与不同的地区和国家的民族习惯相适应，是设计师需要面对的新课题。

⑤ 与加工工艺和材料相适应的原则：有些家具色彩可能因加工工艺条件和采用的原材料不同而产生不同的效果。如黑色在一般家具涂饰中很少采用，但如果采用推光漆工艺，表面加工光滑如镜，则可使黑色富丽高雅，身价百倍。

⑥ 流行色原则：流行色是在一种社会观念指导下，一种或数种色相和色系迅速传播并盛行一时的现象，尤其体现在人们对日用工业品，诸如服装、鞋帽、家具、交通工具、灯具等所崇尚的颜色。流行色的英文名为 Fashion Colour，意即时兴的、时髦的色彩；也有称为 Fresh Colour 的，意即新颖的生活用色，它是利用人们对色彩的喜新厌旧的心理而得以流行的。家具作为一种工业产品当然会受到流行色的影响。

3.2 家具设计中的内容要素

3.2.1 家具设计中人的要素

家具设计的目的是为人服务、为人所使用，即应用一定的材料和科技手段创造出人类生活和工作所需要的家具。我们要求家具与人、家具与环境以及人与环境协调在一个特定的空间中，其核心是人。人属于动物，但更重要的是人又属于社会，因此家具设计中的人应包含生理与心理两大要素。

3.2.1.1 生理要素

设计家具是为人的生活和工作提供服务，家具是生活和工作环境的一个组成部分，而人们的舒适、健康和工作效能，与家具适应人体的好坏程度有关，即家具设计必须符合人体工程学。

（1）人体测量数据

人体测量是人体工学的重要组成部分。所以设计师应了解人体测量、生物力学方面的基础知识，并熟悉有关家具设计所必需的人体测量基本数据的性质和应用。

人体尺寸包括静态尺寸（即人体构造尺寸）和动态尺寸（即人体功能尺寸）两大类。人体的静态测量值的国家标准中立姿有 40 项、坐姿有 22 项，其中与家具设计密切相关的人体静态测量值有身高、视高、坐姿视高、座高、上身高、坐姿臀宽、座深、坐姿膝高、小腿加足高和坐姿肘高等（表 3-7）。

人体动态测量值指人在作业时的空间动作尺寸范围。GB/T13547—1992《工作空间人体尺寸》提供了我国成年人立、坐、跪、爬等作业姿势功能尺寸数据。其中与家具设计有关的动态测量值有手臂的平面作业范围、手臂在空间的垂直作业范围以及最佳空间作业范围。手臂平面作业范围用于指导作业性平台尺寸的设计（如办公台面尺寸设计）；手臂垂直作业范围用于指导柜类高度（特别是吊柜高度）的设计；最佳空间作业范围则可用于指导柜类家具贮藏功能区域的划分。

（2）人体主要尺寸计算及应用

正常成年人的身体各部分呈一定比例关系，因此，可根据这种比例关系计算人体相关尺寸。

根据 GB10000—1988《中国成年人人体尺寸》给定的人体尺寸数据的均值，推算出我国成年人（男 18～60 岁，女 18～55 岁）人体各部分尺寸与身高 H 的比例关系，如图 3-41 和表 3-6 所示。美国、加拿大和欧洲男性坐姿各部分尺寸与身高 H 的比例关系如图 3-42 和表 3-7 所示。

不同年龄、性别、年代、地区与种族的人体尺寸差异较大，所以在进行家具设计时（尤其是在细部设计时），必须以人体的实际尺寸为依据。

人体大小各不相同，但设计的家具一般不可能满足所有使用者，设计时应根据家具的具体用途和使用情况按以下原则应用人体尺寸数据：

- 由人体身高决定的家具，如床的长度尺寸，其尺寸应以第 99 百分位数值为依据，即按大尺寸设计。
- 由人体某些部分的尺寸决定的家具，如取决于腿长的椅座高，其尺寸应以第 5 百分位数值为依据，即按小尺寸设计。
- 可调尺寸，应可调节到使第 5 百分位和第 95 百分位之间的所有人使用方便，即为调和设计（如桌椅设计的高度调节尺寸范围）。

家具设计时的相关尺寸要符合人体工学。人在不同的工作状态所使用的家具必须保证人能够方便迅速地完成工作，同时还要求工作起来安全可靠、舒适方便，创建既安全、舒适，又经济、高效的工

表 3-6 人体静态测量值

项目	男（18~60岁）						
	1	5	10	50	90	95	99
身高	1543	1583	1604	1678	1754	1775	1814
眼高	1436	1474	1495	1568	1643	1664	1705
座高	836	858	870	908	947	958	979
坐姿视高	729	749	761	798	836	847	868
上身高	736	746	752	768	783	787	790
坐姿臀宽	284	295	300	321	347	355	369
座深	407	421	429	457	486	494	510
坐姿膝高	441	456	464	493	523	532	549
小腿加足高	372	383	389	413	439	448	463
坐姿肘高	214	228	235	263	291	298	312
项目	女（18~55岁）						
	1	5	10	50	90	95	99
身高	1449	1484	1503	1570	1640	1659	1697
眼高	1337	1371	1388	1454	1522	1541	1579
座高	789	809	819	855	891	901	920
坐姿眼高	678	695	704	739	773	783	803
上身高	701	707	710	722	734	737	741
坐姿臀宽	295	310	318	344	374	382	400
座深	388	401	408	433	461	469	485
坐姿膝高	410	424	431	458	485	493	507
小腿加足高	331	342	350	382	399	405	417
坐姿肘高	201	215	223	251	277	284	299

注：数据来源于 GB10000—1988《中国成年人人体尺寸》

表 3-7 美国、加拿大和欧洲男性坐姿各部分尺寸计算公式

项目	公式	项目	公式
座高	$S_1=0.523H$	坐姿两肘间宽	$S_8=0.256H$
坐姿膝高	$S_2=0.31H$	坐姿臀宽	$S_9=0.203H$
小腿加足高	$S_3=0.249H$	肩宽	$S_{10}=0.229H$
坐姿肘高	$S_4=0.135H$	上肢最大前伸长	$S_{11}=0.462H$
坐姿大腿厚	$S_5=0.086H$	坐姿眼高	$S_{12}=0.454H$
臀膝距	$S_6=0.342H$	两臂展开宽	$S_{13}=0.032H$
座深	$S_7=0.280H$	座面至中指尖举高	$S_{14}=0.795H$

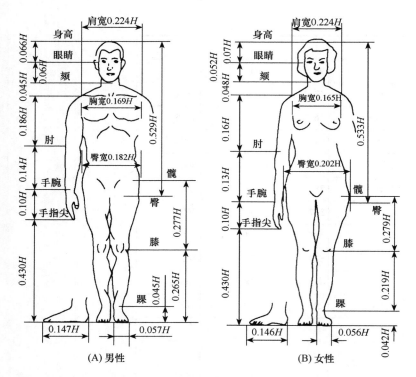

图3-41 我国成年人人体各部分尺寸与身高 H 的比例关系

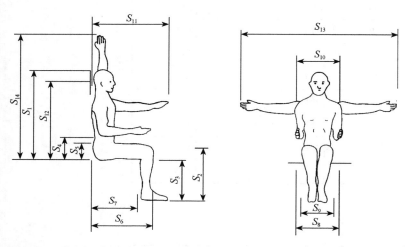

图3-42 人体各部分尺寸计算标号

不同柔软度、不同的体表温度和发汗情况就是家具座垫设计时的重要依据，采用适宜的材料和结构设计的座垫能获得良好均匀的体压分布、改善散热条件、提高休息或工作效率。

当人在座椅上处于安定姿态时，人体重量作用在座垫和靠背上的压力分布称作体压分布，其分布能否符合人体的生理感觉舒适性要求（特别是臀部的体压分布），是影响座椅舒适性的一个重要因素。因此，我们可以通过体压分布情况来评价沙发的舒适性。

合理的体压分布并不是一种平均分配的分布。对于座面，最大受压处位于坐骨结节点，其周围压力逐渐向外扩展减弱，直至大腿后部和臀部后端。对于靠背，其高度不同，主要的受力部位也不同。总的来说，位于头部、胸曲部位、腰曲部位的主要受力点分别是头枕骨、肩胛骨和第3、4节腰椎。靠背上，位于主要受力点所承受的压力最大，并向周围递减。

在体压试验中，可通过体压分布仪及配置的相关软件来获得沙发上的体压分布图及相关数据。最终从直观的图形和客观的数据两方面对体压分布的合理性进行分析，作为评价沙发舒适的依据。

3.2.1.2 心理要素

（1）心理效应

人的心理活动是对各种信息的吸收、加工与传递、交换。设计师将生活中的视觉信息和非视觉信息通过形象思维进行编码加工，再通过艺术设计和制作把家具某些特定的信息传递给消费者，构成了设计师和消费者之间的审美信息交流，从而对消费者在使用和观赏家具时产生精神影响，体现家具所特有的审美功能和象征功能等心理效应。如因家具不同的体量而产生的量感效应，就是这种心理效应的具体体现。通过消费者的习惯知觉定势和家具具体情境知觉因素之间的交叉与重合，就会产生一定的心理效应，如量感效应，同时，这些心理效应反过来又会加强家具的艺术感染力。量感效应主要是由于家具体量的变化，加之受社会、宗教和环境气氛等因素的影响而产生的心理效应。量感效应的产生来自绝对物质量与心理量两方面因素的相互作用，即家具的现实尺度和观者心理尺度定势之间的交叉或重合。换句话说，就是家具在具体情境下的

作环境。人处于休息状态时，要求人体肌肉组织处于松弛状态，保持血液正常循环，消除疲劳。要使家具符合人体工效学，则相关家具的尺度要与人体尺度相协调（图3-43～图3-45）。

（3）人体生理要素

人体生理要素很多，人在使用家具时，不同状态下的体温、肌肉疲劳程度都是我们要考虑的因素。它包括人体在坐卧时的体表压力分布、体表温度等。如采用不同材料制作的家具使用时所具有的

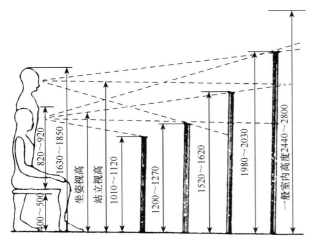
图3-43 屏风式隔断设计与人体尺度的关系（男性）

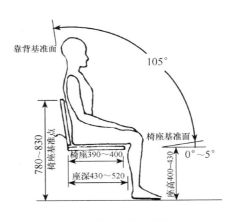
图3-44 一般用椅的人体尺度关系

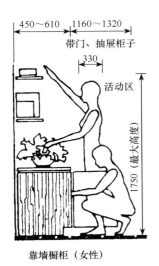
靠墙橱柜（女性）

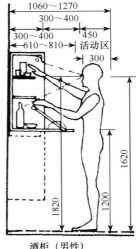
酒柜（男性）

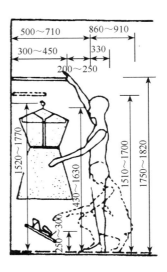

图3-45 橱柜类家具的人体尺度关系

尺度感与观者的经验之间产生的交叉或重合。

量感效应又可分为畏感效应、趣感效应和实感效应。

畏感效应是心理量小、物质量大而产生的心理效应。家具的主体越大，现实空间的参照物越显得小；家具的物质量越大，畏感效应越强烈。一般在家具的比例超过真实的3倍以后，畏感效应便开始产生，并随着反差的逐渐加大，畏感效应也会逐渐增强。畏感效应使人对家具产生高大、雄伟、庄严、神秘的感觉（图3-46、图3-47）。

趣感效应则正好相反，它是心理量大于物质量而产生的一种审美心理效应。趣感效应的家具具有使人感到轻快、精巧的艺术效果。如设计精巧的儿童家具。当然这种玩偶式的艺术情趣，不仅仅是靠体量的缩小，还要同夸张、变形的艺术处理手法以及特殊的工艺处理相结合，才会产生特殊的审美情趣，收到良好的艺术效果（图3-48）。

实感效应是物理质量和心理量基本接近而产生的心理效应。实感效应符合大众在比例概念上的心理定势，因而在设计中普遍采用，这不但是为了使用上的便利，也是为了获得一种亲切真实的心理效应。

量感效应的产生除了来自绝对物质量与心理量两方面因素的相互作用外，还与人本身的绝对物质量有关联。人在认识世界时，会自觉不自觉地站在自身的角度看待周围的事物，以自身的价值标准来衡量世界。比人体本身大很多的绝对物质量造型容易产生敬畏感；比人体本身小很多的绝对物质量造型容易产生趣味感。

（2）审美联想

审美就其心理学意义而言，是人们调动感觉、知觉、联想、想象、情感、思维等心理形式感受审美对象的过程。

联想是人的一种心理机制，主要指人的头脑中表象的联系，即其中一个或一些表象一旦在意识中呈现，就会引起另一些相关的表象。譬如我们看到或想到冰河解冻，就会想到冬去春来，由冬去春来又很自然地想到万物复苏，由万物复苏又想到春景的美丽或春耕的繁忙。这种由一事物想到另一事物的心理过程就是联想。按联想的成因，联想可分为4种：接近联想、相似联想、对比联想和因果联想。

对家具艺术的审美要通过对形式语言的理解和联想来进行。如我们看到中世纪粗笨的大体量家具时就会联想到古代全身披甲的武士；当看到18世纪安妮女王式的家具就会联想到窈窕淑女；当看到中国传统家具上的一些装饰图案也会产生一系列联想，如从"佛手"联想到"多福"，从"石榴"联想到"多子"，从"牡丹"联想到"福贵"，从"松树"联想到"高尚"，从"竹子"联想到"清高"等。

以上仅从审美的角度论述了家具设计中要考虑的心理因素。此外人的心理因素还包括人的欲望、价值观、生活意识等，在此不逐一赘述。

3.2.2 家具设计中的技术要素

家具设计中的技术要素包括材料、工艺、设备、结构与工艺装备等。每一类家具都有其各自不同的特点。家具设计师应努力学习专业理论基础知识，应用不同的材料性能、加工设备及工艺装备，进行家具结构设计和工艺设计。

3.2.2.1 材料

材料是实现家具的物资保障，是实现家具形态的物资手段，是构成家具功能的物资要素。在生产方式落后的古代，除了用木材制作家具外，人们还用石材、铜、铁等金属材料制作家具。在现代科学技术高速发展的今天，用于家具的新材料层出不穷。如以不锈钢、塑料以及高强塑料型材、钢化玻璃、金属型材等为基材的家具。

木材是一种自然资源，全世界的木材积蓄量已远远不能满足人类日益增长的消费需求。随着木质人造板的发展，木质人造板特别是中密度纤维板和刨花板成为了家具的主要用材。

除了木材和木质人造板以外，竹材、藤材、金属材料、塑料和玻璃等材料也是构成家具的主要材料。

钢化玻璃材料的出现，使得玻璃材料在家具上得到了推广应用。玻璃家具适应不同阶层审美者的需求，以其晶莹剔透的身姿使家居充满了浪漫情趣。新型钢化玻璃，它的透明度高出普通玻璃4～5倍，同时还具有较高的硬度和耐高温特性，更加适用于家具设计。如图3-49所示的茶几表面由直的和弯的硼硅玻璃棒构成，无需黏合，这种玻璃材料的使用，使茶几表面极富原始的装饰性和结构性。

塑料具有一定的机械强度、电绝缘性、耐磨性、耐化学腐蚀性和着色性，并且比重小、可塑性

图3-46 有畏感效应的宝座

图3-47 超大尺度的床

图3-48 具有趣感效应的儿童桌椅

图3-49 玻璃棒茶几

好、可回收再利用。塑料有热固性和热塑性之分。热固性塑料可用模压、浇铸等方法成型。热塑性塑料可通过注射、挤出、吹塑、浇铸、压延、拉伸等一系列成型方法加工。由于塑料具有良好的可塑性，能够适用于各种家具造型的需要，可以更加方便地设计出各种风格独特的家具造型，所以随着塑料种类的日益丰富，各种色彩斑斓的塑料透明家具开始走俏。如图 3-50 所示的（Miura）酒吧椅是由 polypr-opylene 聚丙烯中加入添加剂制成的，比铝制椅子还要牢固 2.5 倍，polypropylene 聚丙烯塑料可有多种色彩。

一种新的透明材料亚克力最近在家具设计中得到应用。亚克力无论从外观上还是质感上都与天然水晶极其相似，通透度上却胜过水晶，其硬度是普通玻璃的几倍，具有耐刮、耐划的特性，手感圆润柔滑，不同于玻璃冰冷生硬的感觉，外观温润可人。它克服了玻璃家具的"脆弱"，抗冲击能力比普通玻璃强 200 倍，几乎不会断裂。

材料是家具设计的物质基础，随着材料的不断发展丰富，人类的设计思想得到前所未有的启迪，不断发展的设计思想对材料产生新的需求，促进材料的进一步发展。家具材料和设计的关系非常紧密，材料是设计的基础，而设计又能促进材料的进一步发展。因此家具用材是家具设计中的重要的技术要素之一。

3.2.2.2 工艺

工艺是指通过一定的技术手段改变材料的形状、尺寸和表面状态，甚至改变其性质，使之达到设计目的，满足设计要求的加工过程。

从实木家具制造技术方面讲，我国早在春秋时期就发明了锯、斧、钻、凿、铲、刨等，并出现了髹漆和雕刻装饰技术。古埃及时期也已出现了斧、锯、凿、槌、弓钻等加工工具，并有了雕刻、镶嵌、彩绘等装饰技术，在木家具涂饰上已开始采用了水性涂料。这些加工工具的出现和工艺技术的产生，方便了实木家具的加工，榫卯结构才得以实现，木家具才得到发展。

在家具发展史上，利用新的工艺使设计出现革命性的变化是不乏其例的，如迈克尔·托耐特（Michael Thonet）在 1830 年开始研究出的单板模压技术和弯曲木技术，设计生产了大量风格独特的

图 3-50　酒吧椅　　　图 3-51　维也纳曲木椅

单板层压家具和实木弯曲家具，如 1859 年设计生产的维也纳（Vienna Chair）曲木椅（图 3-51）。布劳耶利用钢管的弯曲技术和表面电镀镍技术开创了全新的钢管家具设计。

在第二次世界大战以前，西方的工业生产水平得到了发展。锯、刨、车、铣等机械化为实木家具的工业化生产提供了技术保障。尤其是以木质人造板（刨花板、纤维板、中密度纤维板、细木工板等）为主要基材的板式家具，更使家具的制造技术出现了质的变革。由于板式家具生产的需要，出现了导向锯、排钻、封边、贴面、饰面材料的浸渍和热压成型等多项加工设备和技术。并出现了很多的现代木家具表面装饰技术。如在实木、中高密度纤维板、刨花板、细木工板、橡胶等基材表面利用平贴、包覆、真空覆膜、热转印、直接印刷等表面装饰技术饰贴木皮、装饰纸、浸渍纸、装饰层积板、PVC、金属片、织物、皮革、转印膜等装饰材料。同时在家具表面涂饰上，也出现了如喷涂、淋涂、光固化、水性涂料涂饰等各种涂饰新技术。在实木锯、刨、铣、开槽等加工方面也产生了许多新技术，如双面刨、四面刨、双端铣、数控机床等设备。上述工艺技术的发展是现代家具设计生产的基础。

20 世纪 80 年代以来，在家具加工设备控制系统上采用计算机技术，产生了各种数控加工机床、加工中心等先进的加工设备。为复杂的家具雕刻和铣型工艺自动化创造了良好的条件，并使小批量、多品种的大生产方式成为可能，这些机械加工设备和技术直接影响到实木家具和以人造板为基材的板式家具的设计和生产。

与木质家具生产同步发展的还有金属、塑料、玻璃等家具生产技术。如金属的焊接技术、表面镀

铬、镀镍、镀钛、喷塑技术、弯管技术等；塑料的模压、浇铸、注射、挤出、吹塑、压延、拉伸等成型技术；玻璃的切割、弯曲、打孔等加工技术以及雕刻、喷砂、彩绘、镶嵌、泳花等表面装饰技术。合理地采用这些工艺技术，可设计生产出丰富多彩的金属家具、塑料家具和玻璃家具。如图3-52所示的由希尼·波厄里、图穆·卡塔雅纳吉设计的水晶玻璃幽灵椅，它使用了喷水切割和凹陷两种玻璃的加工工艺，将脆硬的玻璃材料进行柔软的随意弯曲。

在选择家具材料之后，选用适合于材料性质的加工工艺路线和先进的科学加工方法是决定设计成败的关键。设计师必须十分熟悉适合于不同材料的加工工艺，以保证所设计的新产品具有良好的工艺可行性，也是保证产品能实现最佳的质量控制和达到最佳的经济效益。因此，工艺也是家具设计的技术要素之一。家具常用材料和相应的加工工艺见表3-8。

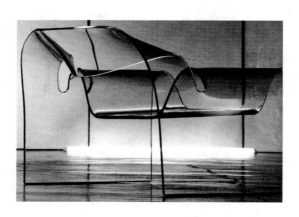

图 3-52　幽灵椅（水晶玻璃）

表 3-8　家具常用材料和相应的加工工艺

材料	工艺名称	主要加工方法或设备
木材、人造板	尺寸加工	锯切、铣削
	光洁度加工	刨切、铣削、砂光
	型边加工	铣削
	线脚加工	镂铣
	回旋体零件加工	车削
	装饰木线加工	木线机、压刨、四面刨
	异形件加工	仿型铣削
	图案加工	雕刻机、加工中心、镂铣机
	封边加工	曲直线封边机、软成型封边机、后成型包边机
	装饰贴面加工	冷压机、热压机、真空异型压机
	涂饰加工	手工刷涂、喷涂、淋涂、辊涂
藤材、竹材	尺寸加工	锯切
	成型加工	弯曲、编织、钉接、绑扎
塑料	仿古雕刻件加工	浇铸、模压
	壳体零部件加工	模塑、模压
	线性零件加工	挤压
	中空零件加工	吹塑
金属管材	尺寸加工	锯切、切割、冲裁
	形状加工	弯管机、缩管机、冲扁
	孔加工	钻孔、冲孔
	连接加工	焊接、铆接、螺钉连接
	表面装饰	酸洗、电镀、喷塑、烤漆
金属板材	尺寸加工	剪裁、冲裁
	成形加工	弯曲、拉延、翻边、校平、起伏
玻璃	尺寸加工	喷水切割、
	成形加工	加热弯曲、浇铸、吹制、
	表面加工	磨光刻花、镀银、酸蚀雕刻、喷砂、压花

3.2.2.3 设备与工艺装备

加工工艺过程能否有效顺利进行要靠设备与工装做保障，不同的材料和不同的工艺需要不同的设备与工装，不同的企业，拥有设备与工装各不相同，即便是相同设备，由于企业技术能力等原因，其加工能力与加工精度也不尽相同。因此，要求设计师在考虑设备这一技术要素时，应针对具体生产企业的设备、工装和技术能力，有一个全面的正确的认识，不要脱离实际，使所设计的产品无法生产。设计师应依靠自身对行业生产技术的掌握，正确评价企业的工艺装备和技术能力，充分发挥人的主观能动性，在不具备相应设备的条件下，可尝试利用企业现有资源进行技术改造，增加工装、模具，开发设备能力，扩大适用范围，实现替代加工。

3.2.2.4 结构

家具的基本结构形式有传统的榫卯结构、采用五金连接件连接的拆装结构、可折叠合拢或层层叠放便于收藏储运的折叠结构、采用板块裁口插接或管件插入套接的插接结构、将实木软化弯曲或将薄木胶合弯曲成型的曲木结构、采用塑料或玻璃纤维模压浇铸成型的壳体结构、采用塑料或橡胶材料制成内囊充气或充水的悬浮结构等。这些基本结构又因不同的材料和设计风格派生出更多的结构形式，并丰富了家具的造型设计。

家具的新材料及新的功能需求催生新的结构形式，而新的结构形式往往需要通过新的加工技术和各种新颖的五金连接件去实现。许多新的家具功能和结构的开发都与五金技术工艺水平密不可分。如今，新的家具结构层出不穷。如旋转式衣物存放架的出现，使卧房家具的设计发生了根本上的变化，突破了传统的储存观念和方式。又如板式家具的暗铰链的自弹能力设计在门开启角为5~10°时起作用，可防轧伤手指和关门时产生撞击声，快装铰链将螺钉连接改为快装结构，"一拍即合"。从而把费时费力的板式家具组装工作变成了像搭积木游戏一样，达到省时、省工、省力的理想状态。还有如厨房家具的可推拉式储物五金的设计能更好地实现整洁有序的储物空间，这种装有转角式五金配件的橱柜，开启柜门时，柜内的五金挂篮在轴承滚轮的带动下，自动向外移出，让人不必弯腰探身，就可轻松取得挂篮中的物品。厨房吊柜的门，设计成上翻式折门专用五金，解决了左右开门碰头的问题，并同时克服了传统式上翻弹力门在关门时不易够到的缺陷。厨房的清洗池和灶台，装上台面高度可调的特殊五金配件，则可方便家中不同人员（如大人、小孩或残疾人）使用等等。这些新的五金配件一方面满足了家具新的功能需求，一方面又产生了新的家具结构形式，并极大地促进了家具设计的创新。

3.2.3 家具设计的环境要素

环境问题是指由于人类活动作用于周围环境所引起的环境质量变化，以及这种变化对人类的生产、生活和健康造成的影响。环境问题已成为全人类共同关注的社会问题。随着人类生产力的提高，人口数量也迅速增长，人口的增长又反过来要求生产力的进一步提高，如此循环作用，直至现代，环境问题发展到十分严重的地步，环境污染所带来的危害已成为全球的共识。

转变发展观念、制定出各种生态友好的政策，并借助强大的制度能力推行下去，才能使人们正确感受到资源和环境的稀缺性，越来越多地用人力资本替代自然资本来创造产值和效用，形成资源节约型、环境友好型的产业结构与发展方式，引导可持续消费，推进生态文明建设。

当我们在设计家具时，不仅要考虑人与自然环境的关系，还要充分考虑设计对象所处的社会环境和室内环境等因素。

3.2.3.1 自然环境

自然环境对设计发生作用的主要因素有环境保护、资源的合理开发与利用以及地理位置与气候条件等。

（1）环境保护与资源的合理开发利用

环境保护与资源的合理开发利用是同一个问题的两个方面。从环境保护的角度出发，家具设计要选用绿色材料。首先要考虑原料来源丰富、不破坏生态环境、便于回收利用，制备获得时耗能低。其次是材料性能适宜良好，无毒、无害、天然。如优先采用天然木材和木质人造板材、竹材、藤材等制作家具；制作软体家具的面料和填料也要尽量采用棉麻纤维织物、真皮等天然面料和麦秆、棕丝、椰绒等填充材料；采用少含或不含有机溶剂的涂料。

自然环境要素要考虑的另一个问题是资源的合理开发利用。天然材料是有限的，我国木材资源面临枯竭。因此应加强家具材料的开发利用。例如：根据当地资源开发非珍贵用材，通过现代科学技术和加工工艺对非珍贵木材改性，做到劣材优用，小材大用；加强速生材、小径材、间伐材在家具上的广泛应用；尽量应用木质或非木质人造板。通过各种现代的加工技术对家具用材进行合理开发，从而实现资源的持续利用，这也是环境保护的重要手段。

（2）地理位置和气候条件

地理位置与气候条件也是家具设计构思中的自然环境因素。不同的地理位置有不同的气候条件，对家具的审美与工艺质量均有不同的要求。如我国华北地区，气候寒冷，空气干燥，消费者对家具的色彩喜好多为深色和暖色；而我国华南温湿地区的消费者则偏爱浅色或木本色的家具。不同地区对家具木材的含水率要求也不同，所以当我国南方生产的家具销往北方时，则必须将家具木材含水率干燥到北方当地的平衡含水率的标准，以防止因大气含水率的差异而引起木家具的干缩变形，甚至散架等严重的质量问题。

3.2.3.2　社会环境

设计不仅仅是一个产品的设计问题。从广义的角度说，设计实际上是一个文化的创造。必须通过深刻洞察整个社会环境，包括政治环境、经济环境、文化环境以及工业化水平、人民的审美修养、国际交流等各方面的发展状况来思考未来的设计趋势。

（1）政治环境

政治环境是指社会政治制度对设计所起的制约或促进作用。政局稳定，政治制度优越，就会促进社会的发展，同样也就促进了设计的进步。家具设计，在政治制度混乱、社会动荡的时代环境中，人们的物质生活匮乏，人们无暇顾及设计领域，设计思想也就停滞不前。相反，在较为安定的时代环境中，思想领域会争奇斗艳、百家争鸣，各种设计思想或思潮不断涌现，从而推动家具设计行业迅猛发展。

我国历史上早期的家具是为了迎合统治阶层的宗法制度，诸如周朝的礼器等，并不是人们日常生活的器物，而是等级、地位和权力的象征，因而当时家具的使用必须严格地遵循等级和地位的规定。经过汉代以后各个朝代的政治环境的变迁，特别是唐代稳定的政局使之最后发展到明代家具的巅峰。清朝末期，家具设计为了迎合统治阶层的赏玩和趣味，表现出厚重和华丽，过多地追求装饰效果，忽视使用功能的重要性，使家具设计陷入了一个误区。

（2）经济环境

社会经济状况、社会生产发展水平、人民的收入水平以及市场流通状况等要素构成了整个社会的经济背景，而经济环境的优劣同样是促进和制约家具设计构思、风格、品质以及功能和价格等方面的重要因素。

明朝的手工业工匠比以前显得更自由，在为官府劳动的同时，也可以从事自己的工艺活动，这就为家具产业的发展提供了宏观条件。明代繁荣兴旺的社会经济环境，出现了集市、外贸港口，出现了资本主义的萌芽。明代的经济发展是我国明代家具达到鼎盛的必然结果。

（3）文化环境

文化是人类在社会历史发展过程中所创造的物质财富和精神财富的总和，是精神财富、意识形态及其与之密切相关的部分，也是物质、精神与艺术相互融合的结果。一个历史时期的文化背景、审美情趣直接影响到家具的设计。魏晋南北朝是我国历史上极为动荡的年代，百姓饱受痛苦，但同时也是我国文化高度融合的历史时期。尤其是佛教文化的传入，形成了中外文化和各民族文化的大交融，改变了中国传统的起居方式，家具从低型向高型发展，异域的家具形式，如墩、椅、凳、胡床等高型家具出现在人们的眼前，从而诞生了我国最早的椅子形象"扶手椅"。隋唐五代是我国封建社会发展的高峰时期，中外文化交流频繁，人们的起居形式多种多样，出现了高低型家具并存的局面。到了唐代，就形成了高型座具，出现了一种全新的装饰风格。宋代时期正是我国多个民族并存的时期，北宋与辽，南宋与金之间既有战争同时也在文化上达到了一种融合，交椅就是在这个时期产生的，它其实就是多元文化交流和融合的产物。随着唐、宋、元时期的社会发展，各民族的文化已达到了相互交融的水平，中国古代家具也进入了快速发展阶段，随之产生了风格成熟的明清家具。

3.2.3.3　室内环境

室内环境是人类社会为自身的生存需要而创造

的人为生息环境。室内环境不仅是一个繁衍生息的物质功能环境,也是一个能折射出人的精神和富于情感的心理环境。家具设计必须处理好与室内环境的关系。

(1) 家具是室内的主要陈设

设计、选择以及布置家具是室内设计的重要内容,这是因为家具是室内的主要陈设物,也是室内的主要功能物品。目前条件下,在起居室、客厅、办公室等场所,家具占地面积约为室内面积的30%~40%,当房间面积较小时,家具占地率甚至高达50%以上,而在餐厅、剧场、食堂等公共场所,家具占地面积更大,所以室内风格和氛围在很大程度上取决于家具的造型、色彩、肌理、风格。

(2) 家具必须服从室内设计的总要求

家具是室内一大组成部分,家具要为烘托室内气氛、酿造室内某种特定的意境服务。家具的华丽或纯朴、精致或粗犷、秀雅或雄奇、古典或摩登,都必须与室内环境相协调而不能孤立地表现自己,否则就会破坏室内气氛,违反设计的总体要求。

(3) 家具在室内的功能性

家具在室内可以作为灵活隔断来分割空间,通过家具的布置,可以组织人们在室内的活动路线,划分不同性质或功能的区域。而家具的这些功能的发挥也都是由室内设计的总体要求决定的。

3.2.4 家具设计的经济要素

产品的开发和设计,其目的是以新产品占领市场,并获取利润。能否获取利润以及利润的高低是评估新产品开发项目的重要因素之一,也是产品设计能否成功的关键。因此作为批量生产、市场销售的家具产品设计,务必考虑经济要素。经济要素中最直接的是成本,其次是价格与利润。

3.2.4.1 产品成本

产品成本就是以货币形式表现的企业生产和销售产品过程的全部费用支出。产品成本是转移到产品中已被消耗的生产资料价值和劳动者支出的必要劳动所创造的价值两大部分的总和,是反映企业生产经营管理水平和工作质量的一个综合性指标,也是衡量设计质量的一项重要指标。

家具成本主要由以下几个方面构成。

(1) 材料成本

就木家具而言,家具的原辅材料主要包括木材、人造板、覆面与封边材料、涂料与胶料、五金配件以及砂纸等耗材。在家具设计时,确定用材的原则是根据家具的档次、市场定位而选材,优质优价,货真价实,不搞假冒伪劣,不坑害消费者。但并不排斥在功能合理的前提下,对家具用材进行综合优化配置。如当前市场上的实木柜类家具,一般是人造板的柜体,配上实木的门和抽屉,以及装饰线型。因为人造板的柜体其强度和稳定性并不亚于实木,装饰性和工艺性也很好,但原料成本和制造成本均可大为下降,对厂家和消费者均有利。而实木的门面则可以给人以实木家具的外观,满足消费者的需求。有时实木门也可考虑部分采用人造板,如实木镶板门,其芯板采用中密度纤维板加工,表面覆贴薄木,可以获得同样的外观,而且比实木门芯板具有更好的形状稳定性,不会开裂和变形,其加工工艺也更简便,因而材料成本和加工成本都可降低。

(2) 机具工装

每当开发一种新产品时,往往需要对机床设备进行必要的调整,也需要增添一些专用的工具、刀具、夹具,有时还需要增添一些新的加工设备,这些都将增加加工成本。所以设计家具时应尽可能利用现有的机床设备以及工具、刀具和夹具,充分发挥现有的资源,有节制有计划地增添一些设备或机具,并且要考虑生产批量的大小,生产批量大时可增加一些投入,生产批量小或单件生产则要严格控制这种投入。例如,设计一个新型的面板边线,要批量生产时就必须设计相应的成型铣刀,如果只是小批量生产,则必须慎重考虑,要么改变线型,根据工厂现有的刀具进行设计,要么自制简易的刀具。有时新开发的家具,工厂现有条件不具备加工能力,则可考虑外涉加工或部分零部件外涉加工,这样可避免因过多地添置设备和工装而增加成本。

(3) 废品损耗

废品损耗也是与设计有关的成本要素。废品率与加工精度及加工工艺密切相关,精度要求越高,所需要的加工余量要求越大,加工工序与加工时间也会越多,废品率也会相应提高,因此将提高加工成本。工艺与设备的选用是否合理也会影响废品率的高低,直接造成家具成本的变化。家具设计时必须充分考虑这些因素对加工成本的影响,从而避免因设计失误而增加废品率，导致成本上升。如曲木家具设计的弯曲半径大小必须综合考虑，合理确定弯曲半径、加工材料、加工工艺等因素，否则就会大量出现废品，提高加工成本。

（4）销售费用

销售费用指家具在销售过程中所发生的各项费用，如包装费、运输费、广告费、推销费、售后服务费等。以上各项费用或多或少都与设计有关。如拆装式板式家具，就可大大减少仓库贮存费用和运输费用从而减少产品成本。包装设计既要保证产品在贮存运输中安全可靠，又要简单易行，不过度包装。广告媒介的选择及广告设计策划都会直接影响家具销售的效果，并直接影响到销售成本。

3.2.4.2 价格

价格是价值的货币形式，工业产品价格就是以货币形式表现的工业产品的价值。工业产品的价格的形成，受产品本身的价值、市场供求关系和国家政策的影响。

工业产品的价格是由产品成本和企业纯收入（税金和利润）构成。它可分为出厂价格、批发价格和市场零售价格3种。工业产品价格的种类和构成见表3-9。

就家具而言，设计的作用在于提高产品的价值。通过精心设计，巧妙构思，使产品在使用功能方面、在艺术价值方面、在表现形式方面有新的突破，从而提高产品的科技附加值或艺术附加值，也就是说用同样的成本，生产出更高价格的新产品，从而获得更高的利润。

目前中国家具业的快速发展，越来越多的家具企业认识到设计的重要性，倡导原创设计，通过设计提升家具的实用价值和品牌价值，创造出具有品牌价值和独特风格的产品。

3.2.4.3 盈利

盈利是指企业按照国家政策和市场规律出售产品的收入扣除成本后的纯收入，是企业职工为社会创造的价值，它包括税金和利润两部分。税金是国家根据企业销售收入，按照规定的税率征收的税款。利润是从产品销售收入中扣除税金和成本后的盈余。

企业的一切活动都是为了盈利。在市场经济条件下，不能盈利的企业是不能长期生存的。盈利的企业不仅为国家纳税做贡献，而且企业本身才有条件不断发展壮大。成本、价格和盈利是衡量企业经济效益的三大要素，同样也是评价设计成败的三大要素。在构思家具时，务必紧紧围绕如何通过合理选材，充分发挥现有设备的潜力，减少废品损耗等来降低成本，同时通过开发创新来提高产品的技术或艺术附加值，从而达到增加企业盈利的目的。

表3-9 工业产品价格的种类与构成

生产和销售成本	税金	利润	批发商业流通费用	批发商业利润	零售商品流通费用	零售商业利润	零售商业税金
出厂价格							
商业批发价格							
市场零售价格							

思考题

1. 简述家具设计时人体尺寸数据的应用原则。
2. 简述家具设计的量感效应。
3. 简述家具设计与材料、工艺技术、装备、结构之间的关联性。
4. 表述质感与肌理的定义。
5. 简述色彩的三属性。
6. 简述色彩的功能性。
7. 简述确定家具色彩的原则。

第 4 章 家具概念设计

4.1 家具概念产品概述
4.2 家具概念的产生
4.3 家具概念设计的特征与过程

家具概念设计以强调创造性思维的设计精神为核心，它从宏观上把握设计，以创造性思维和探索性研究为表达，最大限度体现家具产品的可能性，从而成为家具产品创新的一种有效形式。它综合运用经济市场、工艺技术、造型艺术、设计理论等学科知识，对家具产品做出概念性的规划。

4.1 家具概念产品概述

4.1.1 概念与概念产品

概念，是反映事物本质属性的一种思维形式，这种思维的形成，撇开了事物众多属性中的非本质属性，形成"概念"。这样，"概念"形成后，人们对事物的认识就已经从感性认识上升为理性认识，即把握住事物的本质。同时，每种概念都有其内涵和外延，并非永远不变，而是随着社会历史和人类认识的发展不断变化。"概念"的设想最终体现为一种创新性思维。

概念产品是关于产品总体性能、结构、形状、尺寸和系统性特征参数的描述；是根据市场需求和产品定位而对产品进行的规划和定位；是形成产品设计的依据，并用以验证和评估对市场需求的满足程度，以便制订企业所期望的商业目标。

概念产品是对设计目标的第一次结构化的基本的、粗略的，但却是全面的构想，它描绘了设计目标的基本方向和主要内容。

概念产品不是直接作用于生产、营销、服务的终端产品，是制造企业开拓市场、赢得竞争的工具。根据用户要求，通过总体性能、结构、规格尺寸、形状和技术特征参数等来表述可预见或可以实现的市场可竞争性、可生产性、经济性、可维护性的产品概念（图4-1）。

4.1.2 概念的形成思路

为了满足人类对未来物质和精神的需求，一种新概念的产生势必会与新科技、新材料结合并综合体现出来，新概念的形成是经过了一系列有序的、有组织的、有目标的设计活动，它表现为一个由粗到细、由模糊到清晰不断进化的过程（图4-2）。

概念设计，是对应于目的构成与设计过程的前期阶段。在这一阶段国际惯例做法是以企业的计划部门为中心包括技术部门、设计部门等的广泛合作，在着手产品设计具体操作之前进行某些研究工作以探讨产品开发计划的可行性与设计可能出现的形态。这一阶段通常以草图或模坯来表达产品，开发理念还远远不能提供可交付投产的最终图纸或原型样品（图4-3）。

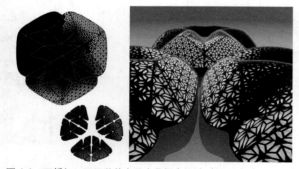

图4-1 可拆卸、可组装的家具产品概念设计（2011年米兰国际家具展作品）

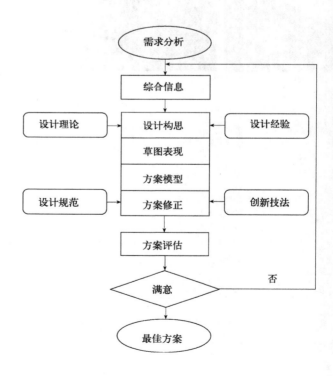

图4-2 概念设计的一般工作流程

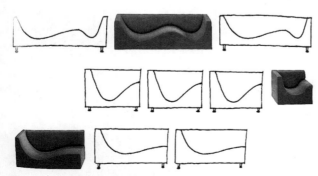

图4-3 探讨家具各种造型的概念设计草图

4.1.3 概念设计在产品研发中的作用

自从 G.Pahl 和 W.Beitz 于 1984 年在《Engineering Design》中首先提出"概念设计"以来，人们对其进行了近 20 年的研究。Pahl 和 Beitz 认为"在确定任务之后，通过抽象化拟定功能结构，寻求适当的作用原理及组合等，确定基本求解途径，得出求解方案，这一部分设计工作叫做概念设计。

概念设计处于产品设计的早期，目的是提供产品方案，它决定着产品的质量、成本、性能、可靠性、安全性和环保性。但是，概念设计对设计人员的约束最少，具有较大的创新空间，最能体现设计者的经验、智慧和创造性。因此，概念设计被认为是设计过程中最重要、最关键、最具创造性的阶段（图 4-4、图 4-5）。在产品研发过程中，创新性表现最为集中和突出的阶段是产品的概念设计阶段。因为概念设计决定了产品的基本特征和主要框架，一旦概念设计被确定，产品设计内容的 60%～70% 也就确定了。但是概念设计无法通过后续设计过程弥补产生的设计缺陷，只能保证概念设计结果对设计需求的满足。

4.2 家具概念的产生

创新与开发是企业在竞争中持续成长与创造利润的核心竞争力，尤其以家具为其主要销售项目的制造业者规划策略时更应首先重视。概括而言，家具的概念创新产生方式如图 4-6。

4.2.1 从技术的角度形成概念

不同的家具生产技术会带来新的家具造型，从索耐特的曲木椅到布鲁耶的钢管椅，从阿尔瓦·阿尔托的弯木胶合家具到潘顿的塑料 s 型椅，都生动的说明从选材、工艺、结构等技术角度形成概念的重要性，曲木椅、钢管椅、弯木胶合家具、塑料家具在家具发展史中都是划时代的产物（图 4-7～图 4-10）。

4.2.2 从文化的视角产生概念

不同的文化注定会有不同的家具审美需求、家具功能需求。斯堪的纳维亚文化产生了北欧人情味较重的实木家具风格，历史渊源深厚的亚平宁半岛文化产生具有浓重艺术气息的意大利设计风格，宗教盛行的南亚次大陆文化产生了众多注重和谐的有

图 4-4 2008 年米兰国际家具展"明日之星"设计展概念设计

图 4-5 1999 年马克纽森设计 Embryo 椅获德国红点大奖

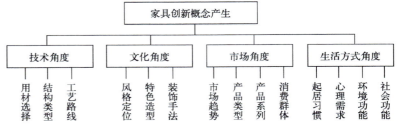

图 4-6 家具创新概念的产生

图 4-7 索耐特设计的 14 号椅样板椅

图 4-8 布鲁耶设计的"瓦西里"钢管椅

图 4-9 阿尔瓦·阿尔托设计的 Paimio 椅

图 4-10 潘顿设计的 S 型堆叠式椅

禅宗风格的家具，受传统儒家文化影响的中国也产生艺惊四座的明式家具。由此我们可以看出不同的文化视角不仅可以产生概念，而且不同的文化视角所体现出的家具概念也是迥然不同的（图4-11、图4-12）。

4.2.3 从市场的变化发现概念

家具市场和其他商品市场一样复杂善变，但是我们可以从变化莫测的市场中找出新的家具概念。例如，20世纪初期东西方家具审美碰撞出海派家具风格；从20世纪90年代到现在，我国家具市场经历了现代板式家具、新中式家具、欧式简约风格家具的主流市场更替。每一次市场变化都会出现新的家具概念，这种概念更像是对市场设计文化的总结，我们可以从这些市场变化中提前找到未来需要的产品风格，以达到更好的引导市场的作用（图4-13、图4-14）。

4.2.4 从生活方式的变更找到概念

生活方式的变更会直接影响到家具的设计概念，特别会影响到家具的功能及形态。从我国古代的迹坐到盘腿坐到垂足坐的习俗变化，使我国家具形态经历了一个从低型家具到高型家具的转换过程，但是仍保留着我国唐朝盘腿坐习惯的日本和韩国，在现代日常生活中还在大量使用低矮型家具；生活方式的变更往往以上流社会的变更来引导，也常常经高端市场向低端市场进行传播，这些生活方式的变更规律都可直接或间接的给我们提供概念源泉（图4-15、图4-16）。

4.3 家具概念设计的特征与过程

4.3.1 概念设计的特征

概念设计的过程是一个发散思维的创新设计过程，是一个求解实现功能和满足各种技术与经济指标，以及可能存在的各种方案，并最终综合确定最优方案的过程。概念设计过程主要体现为以下一些特征：

（1）创新性

创新是概念设计的灵魂，创新可以是多层次

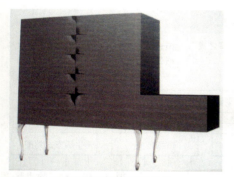
图4-11 欧洲巴洛克风格的现代演绎

图4-12 印度文化装饰下的沙发设计

图4-13 欧式简约风格增加现代时尚元素的家具设计

图4-14 2008年米兰国际家具展上的中国概念家具

图4-15 根据坐姿需求产生的座具新概念

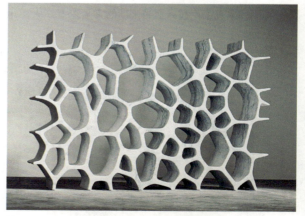
图4-16 追求Voronoi结构的大理石书架概念设计

的。如从结构修改、结构替换的低层次创新到工作原理更换、功能修改或增加等高层次的创新活动都属于概念设计的范畴。

(2) 约束性

设计是在多种因素的限制和约束下进行的，其中包括科学、技术、经济环境、社会等发展状况和水平的限制，也包括生产厂家所提出的特定的要求和条件，这些限制和要求构成了一组边界条件，形成了设计师进行谋划和构思的"设计空间"。

(3) 多解性

概念设计的多样性主要体现在其设计路径的多样化和设计结果的多样化。不同的功能定义、功能分解和工作原理等会产生完全不同的设计思想和设计方法，从而产生完全不同的解决方案。

(4) 层次性

概念设计的层次性体现在两方面：一方面，概念设计分别作用于功能层和载体结构层，并完成由功能层向结构层的映射。如功能定义、功能分解作用于功能层上，而结构修改、结构变异则作用于结构层，由映射关系将两层连接起来；另一方面，在功能层和结构层中也有自身的层次关系。例如，功能分解就是将功能从一个层次向下一个层次推进。功能的层次性也就决定了结构的层次性，不同层次的功能对应不同层次的结构。

4.3.2 家具概念设计的过程

概念产品设计是一种过程导向（Process-oriented）创造活动，过程中的一系列活动成为设计过程（图4-17）。它是产品设计过程中最重要、最复杂，同时又是最活跃、最富于创造性的设计阶段。是设计者在已有的知识经验基础上，依照一定的规律和程式，充分发挥想象力和智慧灵感的活动。具体的设计活动可分为3个基本的环节。

(1) 识别顾客需求

对相关系统反馈回来的有关数据进行研究识别，明确顾客的真正需要，获取用户需求。其常用方法有问卷调查法、用户会议法、用户面谈法等。其中用户面谈法能真实准确的记录用户需求，包括访谈者跟用户进行面对面的交谈，针对产品进行一次典型谈话，其内容往往从用户如何得到和使用产品开始，到用户使用完收好产品甚至丢弃产品为止。进行访谈之前先要设计用户面谈调查表。用户面谈调

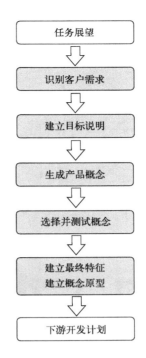

图4-17 家具概念设计的过程

查表要准确地记录用户陈述，不能加入调查人员的主观意识；用户访谈表要结构简单，便于总结分析。

对用户需求进行分析，找出群体用户需求，并计算出群体用户需求重要度，具有较高群体重要度的用户需求应该作为设计的重要依据和目标。个体用户需求即单个用户的需求，群体用户需求即产品针对的目标群体的用户需求，个体用户需求的集合构成群体用户需求。

(2) 产品特征说明

将顾客较为模糊的产品需要描述进一步阐释说明，建立目标说明。对模糊产品的造型风格、装饰手法、模糊产品的功能都加以说明，方便在生成概念产品时把这些因素考虑进去。

(3) 生成并选择概念产品

用草图表现的方式快速表达出概念产品，这时的思维应该是爆炸性的，生成过程中将以产品的特征说明为基础；较粗略的描述产品技术、工作原理和形式等；并选出有发展前途的加以细化完善，还可借助计算机辅助设计进行完善，并测试产品概念；运用结构化方法比较、评判概念的相对优缺点，检验产品能否充分满足顾客需求，确立最终特征并建立概念原型，充分统筹，优化概念模型，输出最终方案。图4-18～图4-20这3幅图是库卡波罗进行座椅设计过程的一部分，说明了"生成并选择概念产品"这一环节。

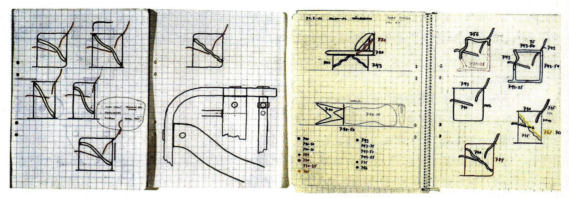

图 4-18　用草图的方式快速表达出概念产品并且标明产品技术、工作原理和形式等内容

图 4-19　建立概念产品的模型并进一步测试产品，选出适合的方案进行优化　　图 4-20　完善设计并输出最终方案

思考题

1. 什么是家具概念设计？
2. 家具概念设计产生的因素有哪些？
3. 家具概念设计的特征有哪些？
4. 家具概念设计的过程中应注意哪几个环节？
5. 举例说明概念设计在家具产品研发中的重要作用。

第5章
家具形态设计 ◀◀

5.1　形态学概述
5.2　家具的功能形态
5.3　家具的技术形态
5.4　家具的色彩形态
5.5　家具的装饰形态
5.6　家具的整体形态

家具产品形态不但能给消费者带来美的视觉感受，同时也是家具产品信息的载体，反映出不同时代人类对于物质世界的改造能力和价值观念。

家具产品形态是以家具产品的外观形式出现的，但这一形式是由家具产品的材料、结构、色彩、功能、操作方式等造型要素组成的。设计师通过对这些要素的组合，将他们对社会、文化的认知，对家具产品功能的理解和对科学、艺术的把握和运用等反映出来，形式便被赋予了意义，蕴含了它独有的内涵。因此，产品形态是集当代社会、科技、文化、艺术等信息为一体的载体。

5.1 形态学概述

5.1.1 形、态、形态、家具形态

（1）"形"

"形"通常是指物体的外形或形状，它是一种客观存在。自然界中如山川河流、树木花草、飞禽走兽等都是一种"自在之形"。另一类给我们的认识带来巨大冲击的是"视觉之形"。

视觉之形包括3类：一是人们从包罗万象中分化出来的、进入人们注意的视野中并成为独立存在的视觉形象的"形"（图5-1）。二是人们日常生活中普遍感知的一些形象，即生活中的常见之形，如几何形等（图5-2）。三是各种"艺术"的"形"，即能引起人们情境变化的、被人们称之为"有意味"的形（图5-3）。

（2）"态"

"形"会对人产生触动，使人产生一些思维活动。也就是说，任何正常的人对"形"都不会无动于衷。这种由形而产生的人对"形"的后续"反应"就是"态"。一切物体的"态"，是指蕴涵在物体内的"状态"、"情态"和"意态"，是物体的物质属性和社会属性所显现出来的一种质的界定和势态表情。"状态"是一种质的界定，如气态、液态、固态、动态、静态；"情态"是由"形"的视觉诱发心理的联想行为而产生，即"心动"，如神态、韵态、仪态、媚态、美态、丑态、怪态等。"意态"是由"形"的视觉诱发"形"的"意义"而产生，是由"形"向人传递一种心理体验和感受，是比"情态"更高层次的一种心理反应。

"态"又被称为"势"或"场"。世间万事万物都具有"势"或"场"。社会有"形势"——社会发展的必然趋势，对处于这个社会中的人都有一种约束，所谓顺"势"者昌、逆"势"者亡；电学中有"电势"一说，电子的运动由"电势"决定，使电子运动有了确定的规律。

（3）"形态"

对于一切物体而言，由物体的形式要素所产生的给人的（或传达给别人的）一种有关物体"态"的感觉和"印象"，就称为"形态"。

任何物体的"形"与"态"都不是独立存在的。所谓"内心之动，形状于外"、"形者神之质，神者形之用"、"形具而神生"，讲的就是这个道理。

"形"与"态"共生共灭。形离不开神的补充；神离不开形的阐释。即"神形兼备"，"无形神则失，无神形而晦"。

将物体的"形"与"态"综合起来考虑和研究的学科称为"形态学"（Morphology）。最初它是一门研究人体、动、植物形式和结构的科学，但对形式和结构的综合研究使它涉及了艺术和科学两方面的内容，经过漫长的历史发展过程，现在它已演变为一门独立的，集数学（几何）、生物、力学、材料、艺术造型为一体的交叉学科。形态学的研究对象是事物的形式和结构的构成规律。

设计中的"几何风格"、"结构主义"都是基于形态学的原理所形成的一些设计特征。

（4）家具形态

家具设计中的"形"主要是指人们凭感官就可

图 5-1 自然中分化出来的形

图 5-2 生活中常见的几何形

图 5-3 艺术的形

以感知的"可视之形"，构成家具"形"的因素主要有家具的立体构图、平面构图、家具材料、家具结构以及赋予家具的色彩等。

家具的"形态"是指家具的外形和由外形所产生的给人的一种印象。

家具也存在于一种"状态"之中。家具历史的延续和家具风格的变迁，反映了家具随社会变化而变化的"状态"；软体、框架、板式等形式反映了家具的构成物质也存在着"质"的界定，反映了家具的"物态"；家具时而表现出稳如泰山、牢不可破的"静态"，时而又展现出轻盈欲飞、婀娜多姿的"动态"（图5-4）。

家具有亲切和生疏之情，有威严和朴素之神，有可爱和厌恶之感，有高贵和庸俗之仪，有美、丑之分。这都是家具的"情态"。

家具是一种文化形式，社会、政治、艺术、人性等因素皆从家具形态中反映出来。简洁的形态体现出社会可持续发展的观念；标准化形态折射出工业社会的影子；各种艺术风格流派无一不在家具形态中传播；个性化的家具形态寄予了设计师无限的百感交集或柔情万种。这些都是家具的"意态"。

（5）家具形态设计

形态设计没有固定不变的原则，需要针对物体本身的性质和特点进行设计。生活是家具形态设计的源泉之一。家具主要是作为一种生活用品（各种艺术家具除外），因此，"生活"成为家具形态设计的根本理念，对于家具的一切"造势作态"都不能违背生活本身和对生活的感受。

家具是一种产品，与"产品"有关的功能、技术、生产等要素形成了家具形态设计的又一基本理念。椅子是给人坐的，床是给人躺的，衣柜是用来存放衣物的，其一招一式都与人的行为密切相关，任何违背人的基本行为方式的设计都说不上好的设计；技术是反映家具物质性的重要因素。尤其是现代家具，已基本摆脱了手工艺的特征，深深地烙上了工业产品的印记，技术的进步与发展，清晰地映在了家具产品的形态上；生产的因素赋予同时也限制了家具的形态，一方面，各种高新技术生产设备的加工可能会给家具产品形态带来意想不到的惊奇，另一方面，作为产品设计的设计师也不是可以为所欲为的，生产的因素限制了你不是设计出什么就能生产出什么。

家具是一种艺术形式。家具形态设计和绘画、

图5-4 动感的家具形态

雕塑等艺术形式中的形态构思有异曲同工之妙。任何具有个性的、民族特色的设计都不失为好的设计；艺术形态的构成手法在家具设计中同样发挥作用，生活中人们喜闻乐见的如建筑、其他工业产品、手工艺制品等形态可以成为家具形态设计的重要参考。

5.1.2 家具形态类型

不同的形态具有不同的意义。家具形态的构成有别于其他形态的构成，分析总结家具的各种形态将有助于对家具形态的创造。

（1）形态分析

世间万物皆有形态。看得见摸得着，以实物形式可转移和运动的称为现实形态。山川、河流、动物、植物等都是现实形态，它们由大自然所塑造，是一种自然形态。除此之外，还存在一种只能言传意会、它以某种概念（用语言来表达、用数学公式来限定其状态等）形式存在的形态，它经常为人们所认识、描述、表达，这类形态称为抽象形态。几何形态通常作为文化的一部分为人们所传承，因此，几何形态几乎存在于各种不同的形态中。模仿自然是人的"天性"之一，人的一生与自然和谐相处，其结果是人类创造了各种有机的概念形态；创造性是人区别于其他动物的显著标志之一，人在创造（或创新）的过程中，会产生一些纯属偶然的行为，有的是人即刻情绪的流露，有的是人对事物的不同理解，有的是特别的人在特别的时间和场合捕捉到的自然界中的不同现象而存在于人头脑中的记忆。这些都可称为概念形态（图5-5）。

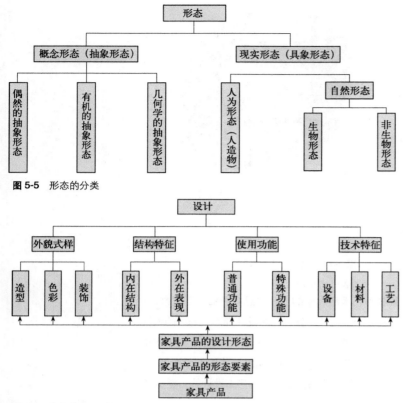

图 5-5 形态的分类

图 5-6 家具的设计形态

对形态的分类本身并无多大的意义，但有助于人们对形态的了解、总结和记忆。

特别要强调的是：在现实形态和抽象形态之间，并没有截然不同的界限，它们在一定的条件下可以互相转化。这就给从事设计的人留下了巨大思维空间。也就是说，即使由人所设计出的形态最终演变成了人造形态，但世间各种形态都可以成为人们创作或设计的素材。

(2) 家具形态与家具设计形态

研究家具形态的目的有两点：一是要归纳总结出什么是人们所能接受和喜爱的形态，人们为什么接受和喜欢它，进而对家具形态做出一些类似于规范的总结；二是研究一些特定的家具形态是在什么情况下出现的，人们是怎样创造出这些合适的家具形态来的，进而为人们做出一些方法上的引导。很明显，在这里更强调第二点的作用。

人们可以从不同的角度（如审美、艺术创作、工艺技术等）来研究家具的形态，从"设计"的角度出发来探讨家具的形态构成要素、形态构成的方法、形态构成的途径是研究家具设计的有效方法之一。可以将其视为一种理性的思维模式，其逻辑性表现在：将"设计"的概念与"家具形态"的概念联系在一起，从"设计"的概念出发，了解什么是"设计"，"设计"工作的内容是什么，再与家具形态的构成要素进行比照，找到家具设计工作的"突破口"。

广义的"设计"概念是一个包括文化、思想等概念的极大的范畴，至今仍然是哲学家、思想理论家、设计家在共同探讨的话题。这里暂且不深入下去。

通常人们认可的狭义的"设计"概念却是非常明确的。意大利著名设计师法利（GinoValle）说过：设计是一种创造性的活动。它的任务是强调工业生产对象的形态特征。这种特性不仅仅指外貌式样，它首先指结构和功能。从生产者和使用者的立场出发，使二者统一起来。产品设计的重点在这里已表露无遗，即：与产品本身有关的外贸式样、结构，与使用者有关的功能，与生产有关的技术（图5-6）。

从图 5-6 中可以看出：从"设计"的角度出发，家具设计要考虑的因素就是家具的"设计形态"。实质上它们与家具产品的角度出发所要考虑的"家具形态要素"是基本一致的。而前者的思维线索要清晰和有条理。

(3) 家具形态的种类

认识家具形态的种类没有固定不变的方法。从"家具是一种文化形式"的观点出发，它大致包括历史、艺术（包括设计）、技术等几个主要方面。具体将它们归纳如下：

① 家具的传统形态：是指家具文化作为一种传统文化形式、家具制品作为一种传统器具所具有的积累与传承。无论是西方传统家具还是中国传统家具，都给我们留下了丰富的遗产，同时也给我们留下了无数为之叹为观止的形态。例如各种家具品种、形式、装饰及装饰图案。

对于家具的传统形态，我们所取的态度完全等同于我们对传统的态度：继承与发展。从设计的角度来看，那就是承袭与创新（图5-7）。

② 家具的功能形态：是指家具的功能发生密切关系的形态要素。床是用来"躺"的，站着睡觉总是不行，沙发是用来坐的，必须在离地的一定高度上有一个支撑人体臀部的面（图5-8），这些都是家具的功能所决定的。

图 5-7 家具的传统形态

图 5-8 沙发的造型要适合人"坐"的行为　　图 5-9 结合蝴蝶造型的凳子　　图 5-10 家具的色彩构成

图 5-11 家具的装饰形态　　　　　　　　　图 5-12 家具的结构形态

　　家具功能形态设计的关键是设计者如何在新的社会条件和技术条件下发现或拓展家具新的使用功能。家具发展的历史在某种程度上说也是一部人类行为不断发展和完善的历史。

　　③ 家具的造型形态：是指作为一种物质实体而具有的空间形态特征。它包括形状、形体和态势。人类长期的设计实践，已经总结出了大量有关形态构成的基本规律和形式美法则，这些成为进行家具造型设计的有用参考（图 5-9）。

　　④ 家具的色彩形态：是指家具具有的特殊的色彩构成和相关的色彩效应。从色彩学的角度出发，任何形态都可以看成是色彩的组合和搭配（图 5-10）。色彩在家具中的作用已经受到了人们极大的关注。

　　⑤ 家具的装饰形态：是指家具由于装饰要素所赋予的家具的形态特征。一方面，家具的格调在很大程度上由装饰的因素所决定（图 5-11）；另一方面，家具的装饰题材、形式有些共同的规律。

　　⑥ 家具的结构形态：是指由于家具的结构形式不同而具有的家具形态类型。从产品的角度来看，家具整体、部件都是由零部件相互结合而构成的，由于接合方式的不同，赋予了家具不同的形态。

　　家具的结构形态又表现在两个方面：一是由于内部结构不同而被决定了的家具外观形态；二是家具的结构形式直接反映在家具的外观上（图 5-12）。

　　⑦ 家具的材料形态：是指由于家具材料的不同而使家具所具有的形态特征。材料不同，会产生出不同的外观形状；材料的色彩、质感不同，明显会带来家具形态特征的变化（图 5-13）。

　　⑧ 家具的工艺形态：是指由家具制造工艺所决定的家具形态特征。手工加工与机械加工所赋予家具的外观效果明显不同（图 5-14）。由于加工方式

An Introduction To Furniture Design | 67

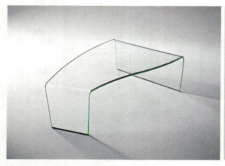 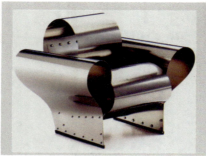 

图 5-13　不同材料的色彩、质感对家具形态的影响

图 5-14　家具的工艺形态

的不同而产生对家具不同的审美反映,由此所带来的家具风格变化的例子比比皆是。在现代社会中尤其是西方发达的国家,由于家具加工方式的不同,其产品的价值也因此相差很大。

5.2　家具的功能形态

不可否认,随着社会的发展、科技的进步以及物质的极大丰富,传统的价值判别标准的内涵发生了变化,产品的功能不再仅仅是指产品的使用功能,它还包括了审美功能、文化功能等内容。也不可讳言,"功能决定形式"的口号在当今已受到了严峻的挑战。但由于产品设计关于功能的实质内涵的延伸和发展,人们在评价当代产品的价值时仍是以功能内涵是否获得最大程度的发挥为标准。家具设计也是如此。人们在欣赏或购买一件家具时,造型特征、视觉感受、文化氛围无疑是主要因素,但人们决不会对它的功能是否合理熟视无睹,一些让人们"站无站相、坐无坐姿"甚至是"寝食不安"的家具,人们绝不会再三斟酌和反复犹豫。由此可见,产品功能的构成是产品形态的重要因素,离开产品的功能去谈产品的美感是毫无意义的。

家具作为一种产品,必定具备两个基本特征:一是标志产品属性的功能,二是作为产品存在的形态。

研究家具产品的功能要素,其落脚点在于两个方面:一是如何适应与家具相关的"人",满足人的各种心理、生理和行为要求;二是如何适应与家具相关的"物",让家具发挥它应尽的作用。

5.2.1　以"人"为主体的家具功能形态

在谈到"家具如何适应人"的问题时,"以人为本"是最直截了当的答案,但"以人为本"的含义远不止如此。自现代设计以来,"以人为本"一直是各种家具的基本指导思想之一。它是强调以人为中心,从人的需要出发,充分考虑人的生理和心理,设计出为人所用的产品。从"以人为本"的基本理念出发,根据人的需要在不断变化和进化的结果,同时也演绎出了各种不同的设计思想;根据人的需要差异和通过不同的途径来满足人的需要,产生了各种不同的设计过程和设计方法。因此可以说,"以人为本"的设计思想永远不会过时。

家具设计中"以人为本"的设计主要反映在功能设计、使用过程中便利和对家具审美体验这几个方面。如何适应与家具相关的"人",则主要反映在如何适应人的姿态、人体尺寸、人的行为和人的感觉等具体问题上。

（1）适应人体姿势的家具形态

在详细介绍人体姿势与用品的关系之前,有必要引入一系列基本概念:人体家具、准人体家具和非人体家具。人体家具是指在使用过程中与人体密切相关、直接影响人的健康与舒适性的家具类型,如座椅、床、写字台等;准人体家具是指在使用过程中使用频率较高但与人体接触时间较短的一类家具,如柜类家具;非人体家具则是指与人体关系不大且使用频率较低的一类家具，如储存季节性用品的储存柜等。每类家具与人体的关系程度不一，因而在设计时应区别对待。人体工程学研究表明：人处于不同的姿态时身体的舒适感各不相同。不同的家具形态会使人在使用家具时处于不同的姿态，因此，如何使家具的形态适合人体最舒适姿态是家具形态设计的关键，也是家具产品达到最完美功能的必要条件。在欧美国家，对家具的评判标准一直把舒适性和健康放在造型美观和视觉审美之前（图5-15）。

（2）人体尺寸的家具尺度

姿态与尺度是人与物关系的最直接反映，仅研究人体姿态是远远不够的。姿态是一种共性反映，而人体尺度则涉及具体的人。这是人机工程学研究的难点。

对人体尺度的研究与分析人的动作姿态一样，不可能对单个具体的人进行研究，而只是探讨适合普通人群基本适应的大致范围。目前国际流行的研究方法是确定占实验人群总数95%的范围为"适合范围"，即让95%的人感到适合的尺度范围为产品设计尺度规则的合适尺度范围。

各种家具尺度的组合形成家具的尺度体系，有正常尺度、亲切尺度和宏伟尺度之分。正常尺度是指按照人体的正常尺度而设计的家具尺度；亲切尺度是指受室内尺度等环境因素和人的情感因素影响，有意将家具的通常尺度缩小以增加家具的亲切感；宏伟尺度是指在考虑正常人在正常使用尺度的前提下，出于对社会地位、财富、自尊、自我价值等因素的考虑，有意将家具的尺度超出正常尺度而与众不同，皇帝的"宝座"、社会上俗称的"老板桌"等均属于此类（图5-16）。

各种类型的家具都会涉及尺度问题，最基本的原则是让家具尺度适合人的尺度。

座具有座高、座深之尺度，为让其适合大多数人，往往以标准形式加以规定。床具有床宽、床长、床高之尺度，床高以适合座的动作为主，床长则应保证不能"悬臂"而卧，床宽则保证不因正常的翻身而落于床下。台、桌类家具的尺度视其功能而定，能适合使用者和容纳使用时必需的用品是基本要求。超出人体正常使用尺度范围的台、桌尺寸，除了具有宏伟尺度所带来的情感因素外，再无其他意义。

由人的尺度范围还可以决定家具的基本形状。

图 5-15 适应人体姿势的家具

图 5-16 家具的尺度体系

近年来在我国办公家具市场中经常出现的"异形"办公桌面，就是考虑人手的活动范围而设计出来的（图5-17）。

(3) 应人行为习惯的家具形态"构图"

家具形态除了与人体姿态和人体尺寸有直接关联外，与人的行为习惯也有密切的关系。

人类在生活习性上有许多方面是共同的，如床是用来躺着睡眠的，椅子是用来屈膝而坐的，这些都决定了家具的基本形态。

在人类生活习惯共性的基础上，具体的生活行为方式却丰富多彩。以座具为例，"正襟危坐"是大多数中国人习惯的生活方式，中国式的椅子在基本形态上一直沿用了传统座具的形态；日本人惯常使用的"榻榻米"同样是来用坐的，它的形态与中国式的椅子有根本的区别（图5-18）；软体沙发也是一种座具，由于制作材料与"椅"、"凳"的区别，使得沙发的造型与传统的椅凳有较大的不同；西方人浪漫的生活方式带来了西方座具设计的千姿百态（图5-19）。

上面所描述的都是家具以单体形式出现时，因为人的行为习惯不同所带来的形态上的差异。家具常常以组合的形态出现。组合衣柜、组合沙发、组合写字台、组合式办公桌和会议桌等。组合式家具形态变化的潜质如同家具单体变化在单体数量上作数学计算的"排列组合"。这不仅可以适合不同的场合，更重要的是可以适合不同的人，由此也可产生"系列设计"（图5-20）。

(4) 应人审美感知的家具形态要素

家具形态要素中如空间、构图、形体、尺度等基本由人的姿态和尺度来决定，这些可认为是家具形态设计中的"硬"要素，而其他如造型、色彩、质感等影响人的情绪和感觉的因素，则可以认为是家具形态设计中的"软"要素。各种"硬"的和"软"的要素同时影响家具给人的感觉并影响人的情绪。

情绪和感觉无疑也是一种功能，是一种精神功能。设计活动应考虑适应人的感觉的问题，实质上

图5-17　与人手活动范围相适应的办公家具桌面形状

图5-18　日本的"榻榻米"

图5-19　各种姿势的座具

图 5-20 组合系列家具设计

图 5-21 与书的轮廓相像的书架设计

图 5-22 与鞋的形状相适应的鞋柜设计

是研究在审美体验上如何对使用者的情感加以呵护。

人机工程学理念基础上的对审美体验的关注，可以认为是"人性化设计"风格的来源。审美体验的"以人为本"被认为是"人本主义"设计中最捉摸不定的因素。理由是人的情感特征既无一定的规律可循，人的审美情感又无相应的定势。

考虑家具形态对人的情感影响，就如同研究艺术作品的意义一样。这里涉及一个有关如何认识家具的观念问题：家具既是一种典型的工业产品，又是一种艺术作品。家具形态设计就如同建筑、雕塑创作一样，是一种艺术设计形式。

家具作为一种特殊的艺术载体，是由造型、色彩、质感等感性因素决定的，这些也成为家具形态设计的主要内容，其创作手法与其他艺术设计形式并无不同。这里不再展开。

综上所述，家具的功能形态设计是家具设计的主要内容，家具的功能形态设计完全是"以人为本"设计思想的演绎。"以人为本"不应是一句空话或者口号，它应是对人生理和心理的全面体贴、关怀和呵护。

5.2.2 以"物"为主体的家具功能形态

所谓与家具相关的物，就是我们周围林林总总的生活用品与设施，有衣物、食物、杂物、电器、装饰品和书籍等。由于它们都具有各自不同的形态特征，所以容纳和支持这些物品的家具也必然显示出变化的形态。具体反映为：家具功能形态要适应物的特性，物的尺度，物的功能和使用过程中物的变化。对功能形态设计而言，还要以舒适和方便为基本出发点；灵活多变和节省空间为基本手法；节省材料能源与使用耐久为原则，不断拓展新功能为目标。

（1）适应物的特性的家具形态

物的特性包括它的形状、大小、色彩、机理、用途等，在此要论述形状和用途对家具形态的影响。有一些家具的形态直接以物本身的形状为特征，如 Fremdkorper 设计的书架，按书的形状切割出轮廓，在满足实际功能的同时，还产生了很强的趣味性（图 5-21）。真荣公司的新型鞋柜"小狗第一"突破了传统的直架或斜插形式，直接采用与鞋相吻合的皮鞋伴侣，即鞋面前撑和鞋后帮撑，可根据鞋的大小设定鞋撑，既很好地保持鞋的造型，又非常节省空间（图 5-22）。

储存家具的形态受物的影响最为直接，因为它要容纳物，其内部空间就必须与物的形状相吻合或包含，如许多 CD 架就设计得相当到位。储存家具多以标准的立方体为基本形态，由人在这个既定空间中组织物的排列，总是会有浪费的空间和材料，但是物的形状千变万化，怎么通过设计来赋予它一个存放规律呢？这些都需要我们继续思考。

贮存家具的表面分割和通透情况反映出物品的不同特性，常用物品通常要摆放在人体最适宜的活动范围内，存取方便；不常用的季节性物品就可以在上、下端的次要区域。要阻光、防尘、防潮，私密性强和贵重的物品，一般通过抽屉或门进行封闭，完全隐置，如一般的衣柜；易清理，可公开，经常使用及数量较少的展示品则放入开放空间，如一般的博古架、展示架和壁架；想表现其通透感，但又需要保护不会落尘、受潮的物品放入半开放式空间，或加玻璃，如一般的书柜。

现在的组合柜常常混合电视柜或写字台、书橱、饰品柜等各种功能于一体，融合以上各种不同的功能，使之形成丰富的造型变化（图 5-23）。

（2）适应物的尺度的家具尺度

在进行形态设计时，人机工程学将被反复强调，任何一件家具都要先符合人的生活习惯，但同时也需要考虑物的尺度，如果把两者精准结合，所设计的家具将既有美观和谐的外形，又有最优良的实用性。

座具和床具的尺度直接通过人体尺寸获得,似乎与物的尺度关系不大,但作为一种物特殊用途的产品时,如医院的病床、学校用带文件篮和写字板的椅子,在设计时就应另当别论。即使这些与物的关系不十分密切的家具,也要考虑它们与其他家具同处在一个空间中,家具要与家具之间进行协调,如沙发要与茶几和电视的高度保持协调,床要与床头柜的高度协调,否则也严重影响原本功能性的发挥。

台、桌类家具的尺度要考虑适合使用者,要满足基本的容纳空间尺度和支承物品尺寸要求的台面尺度。一般的写字桌只要 1000mm×600mm 就可以满足日常书写需要,如果放上电脑则会不够用,需要根据电脑的尺度加长、加宽或改为转角形状,才能满足尺度要求。

(3) 适应物的功能的家具形态

家具有收纳、支承、陈列的各种功能,与家具相关的物本身也有自己特别的使用功能。所以家具形态设计应该考虑怎样促进物发挥的最优功能。

厨房内的器具和设备有很强的功能性,可以分为3个中心即贮藏调配中心、清洗和准备中心、烹调加工中心。贮藏调配中心的主要设备是电冰箱和烹调烘烤所用器具及佐料的贮藏柜;清洗和准备中心的主要设备是水槽和多种搭配形式的厨台、料理桌,水槽与洗盆柜配合,上设不锈钢洗盆,厨台下可设垃圾桶与贮物柜;烹调中心的主要设备是炉灶和烘炉,它们放置在灶炉上,上有抽油烟机,还应设计有工作台和贮藏空间,便于存放小型器具。最为重要的是,它们的布置要按操作顺序进行,形成流线,方便人的使用,减少劳动量。厨具的形态设计必须要满足以上功能要求,并且进一步设计物与物之间的搭配关系,不断完善其功能性(图5-24)。

(4) 适应物的变化的家具形状变化

物在使用的过程中不是一成不变的,它有数量的增减和位置的移动变化,相应地会产生各种组合家具,如折叠家具和多功能家具等,可以根据不同的使用要求和特定环境进行多种方式的组合及变化,从而扩大使用功能,同时在造型上显示出多变化,形成丰富多样的形态变化。

组合家具包括单体组合家具,即由一系列相同或不同体量的单体家具在空间中相互组合的一种形式,如套装家具;部件组合家具,即将各种规格的通用系列化部件通过一定的结构形式,利用五金件、构成各种组合家具的一种形式;拆装式自装配家具,即在所提供的组合单元里,先把自己需要的单体,DIY 自己喜欢的方案。

折叠椅和折叠桌也是用来做物的加减法,加以细节和颜色变化,能产生优美的形态(图5-25)。

图 5-23　多功能视听组合柜

图 5-24　与其他设施配套的厨具柜设计

图 5-25　功能灵活、造型优美的折叠家具

综上所述，功能对形态的变化起着很重要的作用，而与物有关的功能形态变化也占据着一定的地位，与"人"的因素一起，制约形态，发展形态。格罗皮乌斯认为，"新的外形不是任意发明的，而是从时代生活表现中产生的"，形态设计也必然要立足于生活，扎根功能土壤，不断生长，枝繁叶茂。

5.3 家具的技术形态

家具的技术形态是指与家具生产技术相关的或是生产技术要素所决定的家具形态类型。主要包括家具的材料形态、结构形态和工艺形态。

5.3.1 家具的材料形态

家具的材料形态是指由于材料的特性不同使家具所具有的形态特征。

材料是构成家具的物质基础，同时也是家具艺术表达的承载方式之一。任何家具形态最终必然反映到具体的材料形态上来。

由于技术的发展，能用于家具的材料品种已不胜枚举。传统的家具材料以木材、竹材、石材等自然材料为主，当代家具材料则几乎包括了所有的自然材料和人工材料。常见的有木材和各种木质材料、纸材、金属、塑料、橡胶、玻璃、石材、织物、皮革等，各种新型材料如合成高分子材料、合金材料、纳米材料、智能化材料等在家具中均有运用。

（1）**材料的表面性能基本决定了家具的质感和肌理特征**

不同的材料具有不同的表面特征，它们最终都会反映到家具表面形态上，木材的纹理和质感赋予了木质家具自然、生动的本性，金属光洁的表面给予了家具光洁、挺拔的外表，织物和皮革的柔软成就了家具的柔顺和温暖。根据木材的纹理和花纹进行设计的实木家具可以使家具具有强烈的个性和艺术感染力（图5-26）。

（2）**材料的物理力学性能与家具的形状特征具有必然的关系**

材料的物理力学性能主要是指诸如材料的密度、质量、规格、导热系数、热胀冷缩的物理性能和硬度、强度、韧性等力学性能。熟知这些性能直接影响家具的造型设计。例如：金属材料尤其是高强度合金材料普遍比木材、木质材料的强度高，因此，可以设计出各种纤细、轻巧的家具形态。人造板材和实木相比，具有较大的规格尺寸，可以做幅面较大的规格尺寸设计。塑料材料具有较好的延展性和成型性能，因而可以进行随意的形状设计（图5-27）。结构类材料可用于家具的承重部件，而织物和皮革等只能作为家具的表面覆盖材料。

（3）**材料的加工特性决定可能的家具现实形态**

各种材料用于家具时一般不是直接采用，出于功能和审美的目的，往往经过各种加工才成为新家具形态的一部分。而加工技术并不是随心所欲的，受到各种技术条件的限制，也就是说，材料的形态特征并不能完全被反映到家具形态特征上来。这就需要材料的选用者——家具设计师熟知材料的各种加工性能，才能得心应手地使用各种材料。所以有人说设计师的设计能力在很大的程度上取决于他（她）对于材料的运用能力。

经过弯曲处理的木材、金属材料可以塑造各种圆润、动感的家具形态，经过编织所处理的竹材可

图 5-26 强调材料质感的木质家具

图 5-27 塑料家具的表面特征

图 5-28　精心缝制的织物，肌理丰富的沙发

雕刻处理的木家具　　　　金属喷塑处理的家具

图 5-29　材料经过加工和处理具备的各种装饰效果

以形成家具的韵律感，精心缝制的织物、皮革可以塑造不同的家具肌理（图 5-28）。

（4）材料的装饰特性与家具的装饰形态相对应

材料经过加工和处理可以具备各种装饰效果，这些装饰特性直接或间接地反映出家具形态上经过涂饰、雕刻处理的木材部件是木质家具或富丽堂皇、或玲珑剔透、或光彩照人；经过电镀、喷塑处理的金属家具或光洁坚挺或亲切宜人（图 5-29）。

在进行家具造型设计时，选择材料是非常关键的一环。

设计师应该时刻关心材料，发现各种可用的材料，尤其是各种新型材料，时刻构想材料的可能的加工途径和用途。

功能设计是选择材料的决定性因素之一。家具与人接触的部位需要温暖柔和且富有亲和力，一些特殊的功能界面如试验台的表面需要具有较强的耐化学腐蚀的性能。这些都决定了家具的各个不同的部位需要选择何种材料类型，也决定了它们具有何种外观形态特征。

不同的材料往往具有相同的功能特征，这就取决于设计师对何种材料更为熟悉，这也是设计师发挥个性的最佳途径。

设计师对材料的敏锐程度也是设计师的能力之一，一些在常人看来非常不起眼的材料在设计师眼中可能是求之不得的"宝贝"。

选择了具体的材料还只是家具形态设计的一部分，设计师需要对整体家具形态进行合理的构想，采用对比、协调等各种手段才能使同一件家具中的不同材料形态取得和谐一致，达到家具整体效果的完美。

5.3.2　家具的结构形态

家具产品是一个工艺整体，家具整体是由若干个部件构成的，这些构成方式就是家具的结构。家具零部件构成家具整体的构成形式就是结构。从结构的角度来看，一个家具形态可能是由若干个不同的单元形态以不同的方式组合起来的整体。

一个优秀的家具产品，必然要使用具有一定强度的材料，通过一定的接合方式来实现其使用功能和基本需求，同时还应注意其审美功能和结构的新颖独特。

就某个家具形态而言，尽管它的外部形态不变，但构成方式可能是不同的。例如：两块水平的板件，它可以是直接连接，也可以是通过垂直的侧板连接，其形态则完全不同。

家具的结构形态是家具形态的重要组成部分。结构方式也可以决定家具的整体形式，也可以决定家具的细部形态。

（1）家具的结构形态与家具功能

家具设计的目的之一就是实现家具的某些功能，而材料本身一般是不具备这些功能的，需要对材料进行适当的"组合"，"安排"它们所处的状态，这需要用结构来实现。一块木板如果宽度不足以当桌子用就需要采用拼合的方式将一些窄的木板拼合起来。一个柜子需要围合出适当大小的内部空间，则外围的围合板是必不可少的。

家具形体需要有一定的强度特征和稳定性特征，这完全是由家具结构决定的。不同的结构形态具有不同的强度、稳定性特征。如正三角形具有稳定性特征，这种结构形式常常被用做支撑结构。

（2）家具的外部结构形态与内部结构形态

家具的外部结构形态是指充分暴露在人视线下的外观结构，很明显，它除了应满足使用功能外，还应具有较好的审美特征。

家具的内部结构形态是指家具形体中零部件的接合方式以及由内部结构所产生的可能的家具形体的变化。如板件之间的连接，采用拼板的方式连接的话，板件自成一体，天衣无缝，若采用连接件接合的话，则自然显现连接的痕迹。

（3）家具结构的形态反映

有些结构形式本身就是一种具有美感的形态，如悬臂结构的力度感。

不同的结构形式有不同的外观反映。框式家具与板式家具在形态构成上一目了然，如图5-30所示。

图5-31是一种将家具结构故意暴露的设计手法，这些结构形式被当成一种装饰形态。

5.3.3 家具的工艺形态

家具的工艺形态是指由于特殊的加工工艺所成就的家具外观形态。

人造板表面覆贴薄木皮，可以是普通覆贴，也可以拼花覆贴，家具表面截然不同（图5-32）。

皮革、织物采用不同的缝接工艺，其皱折与肌理相差很大，有的规则直白，有的风情万种，如图5-33所示。

5.4 家具的色彩形态

色彩是形态的基本要素之一。

色彩作为家具形态中的一种，与功能、造型、装饰、结构、材料等其他形态类型共同塑造家具的独特魅力。色彩形态和造型形态更是能在第一瞬间捕捉人的视线，吸引人们的注意力。

家具造型设计十分注意色彩的选用与搭配一件家具产品。能在第一时间以它自己静静绽放的美来激起观者内心的澎湃，很难说清楚是源自家具"身体"上的"着色"、外形样式、亮点的装饰手法三者中的某一个，还是它们综合的结果。从这个意义

图 5-30 不同的结构形式有不同的外观反映

图 5-31 故意暴露结构用作装饰

图 5-32 家具表面贴面工艺形成的家具表面外观

图 5-33 缝接工艺产生的家具外观

上说，同属于家具设计形态中"外貌式样"部分的"三剑客"——造型、色彩、装饰，它们在整体形态中各自所具有的价值是相当的。也就是说，色彩也可以在家具形态中单独充当吸引人视线的主角。

家具色彩形态的构成大致有下列3种方式：

可塑性小的原材质固有色：家具的色彩毕竟是依附于材质上来展示的。这类色彩出自"人为可变化性"相对较小的材质，如木材、金属、玻璃等材料的固有色。其自身天然成色，无需人工"雕琢"；色泽均润丰富，纹理千变万化，色调不温不火，给人稳固、安全的视觉感受。如不静不喧，纹理生动的黄花梨，静穆沉古，分量坚实的紫檀，都使木质家具天生具有了一种沉稳儒雅的气质，此类型的色彩多用于人眼视线较低的范围，保证家具给人整体的视觉平衡性，如图5-34所示。

可塑性大的原材质固有色：这类色彩多出自织物、皮革、塑料等在材料生产过程中染色、调色处理较为容易的材质。色彩饱和度较高，色调多为暖色，少数冷色，浓烈特别。在家具设计中多用于视觉较向上部位，增加视觉跳跃性；色彩用法随意、大胆，如图5-35所示此类型色彩多被用于装饰性强的单件家具设计上。能起到点缀室内空间，活跃居室色调的"画龙点睛"的作用。此类多为"时尚性、艺术性"强的"异型装饰"型色彩家具，很受年轻、热爱艺术、乐于享受生活的人群喜欢。

覆盖色（即附加色）：与材料的固有色相区别，指经表面加工处理，将色彩添加在材质表面而形成的色彩。处理手法多为表面贴木皮、木纹纸、有色油漆等。色彩的随意性受限于一些实际情况（如人工作业的精准程度、特殊的使用环境对色彩的约束等）而相对小于"可塑性小的材质固有色"，但略大于第一种"可塑性大的材质固有色"。色调兼有前两者，既非"热情异常"也不"冷酷到底"，相对较为"中庸"，此类型多为"普通实用"型家具，持家有道、讲究实干、不太苛求生活享受的人群尤其欣赏这"自得其乐，知足常乐"的生活方式。好的设计讲究整体性，人的视觉也苛求设计的整体性。在人的视觉中，色彩和造型这两个形态元素很难被活生生"剥离"。当人们赞叹一件家具造型好的时候，也许正是色彩的"衬托"完美了造型的"表现"；当人们评价一件家具色彩美的时候，也许正是造型的"穿插"突显了色彩的"演技"。

色彩形态能丰满家具整体形象。人眼总是对已经显现出来的事物的颜色、形状很敏感；容易由

图5-34　由材料本身的色彩成就的家具色彩

图5-35　色彩变异性大的材料更容易塑造家具的色彩

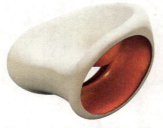

图5-36　色彩与外形共同塑造家具形象

所看到的而产生丰富的内在联想。色彩、外形作为家具的外貌样式方面为"外",功能、质量、技术、细节为"内";只有在第一时间抓住人的眼球,使人产生想继续了解的兴趣后,家具的结构特征、使用功能、技术特征才能够被体验出来;色彩和造型共同演绎的视觉效果"包容"了功能的"冷漠",使家具整体变得"有血有肉",如图5-36所示。

色彩形态能细化家具使用功能。运用色彩的互补、对比和渐变手法。可以达到"视觉忽略"的效果,即一种合乎设计目的的"视错觉";也可以用这些色彩变化技法与造型细节点、功能延伸处结合,来突出家具使用功能的识别,达到方便人一目了然使用的目的。这一设计特色适用于多功能的组合家具,如储存类家具。这类家具多以扩大家具单体容积率,提高功能利用率,从而达到增加居室视觉空间感的作用。造型上涵盖的具体功能,用色彩的区分加以"标识",使消费者可充分使用到组合式家具的任一种功能,这不仅杜绝了"资源浪费",更重要的是设计做到了"为人所想,为人所用"的"以人为本"的境界。不存在功能型组合特点的家具,不提倡都使用这种讲细节"色彩化"的设计手法,以免家具色彩过于凌乱、破坏整体性。

家具色彩设计与家具所在的色环境相得益彰。仅仅将家具的色彩作为家具个体内部的一种形态元素存在来进行分析和研究是远远不够的,家具只有摆放在一定的环境里才能被赋予高于自身的新的价值。即使是同一件家具摆放在不同的环境中也会展示出不同的视觉感受。环境依附物质而相对存在,家具也不可能孤立于环境,将家具的色彩效应与环境相调和,使其整合于统一的"场"。从某种意义上说,环境"包容"了家具,家具"丰富"了环境。家具所呈现的色彩形态与环境的色调能够相得益彰,是家具色彩设计的最高境界,也是家具视觉价值最大化的体现。家具与环境之间要达到和谐一体、同谱一色的视觉效果,其最基本的原则就是"确定视觉重点';将"家具"与"环境",这两个元素都确定为视觉重点或确定得不明确都不会达到好的整体视觉感受,一是以家具为视觉重点:即"环境配合家具主题",创造符合家具主题的环境来烘托"家具"这个视觉中心点。此类型多为家具展厅、家具卖场等以突出"家具"个体价值为目的的空间;环境的构筑建议使用大面积色彩明度相对弱的冷、暖色调统一大体,再利用照明、局部材质纹理变化、陈设品点缀等"动静结合"的方式,使展示的环境既不喧宾夺主,又能满足商业展示特殊性的要求,如图5-37所示。二是以环境为视觉重点:

图 5-37 家具色彩与室内色彩的搭配

即"家具配合环境主题环境",用家具的补充来满足整体环境塑造的要求。此类型空间多为家居室内、餐饮娱乐等有具体主题的环境;家具在主题环境存在后被选择用来填补一些使用功能、装饰功能上的空缺。大多数的色彩造型内敛、质量好、有细节变化的成套家具;少数用来话跃空间气氛的色彩造型夸张、装饰性强、艺术价值高的单件家具。以家具服务于环境,使环境与家具之间更为"默契"的创造视觉美感,这也许就是家具色彩设计的魅力永恒所在。

5.5　家具的装饰形态

家具的装饰形态是指由于家具的装饰处理而使家具具备的形态特征。

各种装饰形态在家具设计中的应用也是由来已久,早在埃及时期,几何化的装饰元素普遍地应用于家具的界面中,并形成一种夸张、单纯、生动、次序的艺术风格。家具的装饰形态强化了家具形式的视觉特征,也赋予了家具的文化内涵,折射了设计的人文背景,使家具整体形态在室内环境中发挥装饰的作用、并增添了家具单体的装饰内容及观赏价值,如图 5-38 所示。

家具装饰的方法很多,总的说来有表面装饰和工艺装饰两种。所谓表面装饰是指将一些装饰性强的材料或部件直接贴附在家具形态表面,从而改变家具的形态特征。如木质家具表面的涂饰装饰,家具局部安装装饰件等都属于这一种。所谓工艺装饰是指通过一定的加工工艺手段赋予家具表面、家具部件一些装饰特征,如板式家具人造板表面用木皮拼花装饰,在家具部件上进行镶嵌处理,使其具有一定的图案,在家具部件上进行镶嵌处理,将一些装饰性好的材料或装饰件与家具部件融为一体。

家具装饰可以改变家具的整体形态特征。例如,中国传统家具中的明式家具和清式家具,它们在整体形状特征上区别不大,但清式家具往往加以奢华的装饰,两者便呈现出不同的形式和艺术风格。

家具装饰部位的形态特征也可以是以局部形态特征反映出来。家具外形上有无装饰元素,其整体形态特征已经有所区别,这是家具装饰形态对整体特征的影响,同时,这些装饰元素可能会以确定的形式如图案、色彩、形状等反映出来,它们本身就是一种独立于家具之外的确定形态。如雕刻装饰,除了改变家具整体形象外,其雕刻的图案、雕刻工艺本身就是特定的形态。家具是否需要装饰,这就是一个非常复杂的问题了。围绕家具装饰这个话题,在设计艺术领域已经有了很长时间的争论。"少即是多"是一种基本观点。主张不必要的装饰,没有装饰本身就是装饰。"重视装饰"是一种与之对立的观点。主张用装饰来体现设计的意义与内涵,除了注重装饰的形式外,还注意装饰的技巧与技艺。"将装饰与功能等实质意义结合在一起"是一种大多数人普遍接受的观点。反对虚假和无意义的装饰,反对为了装饰而进行的装饰,主张装饰的理性与实质意义。

5.6　家具的整体形态

由物体的形式要素所产生的给人的(或传达给别人的)一种有关物体"态"的整体感觉和整体"印象",就称为"整体形态",家具作为一种物质存在的客观存在,势必给人留印象。家具可以是整体环境中的家具,也可以是独立存在的家具,因此,家具作为一种特殊的产品形态类型表现出其整体形态特征的表现方式有两种:一是家具在室内环境"场"中表现出来的形态特征,即家具在室内环境中的整体形态指的是在所处的某一室内环境中的家具与家具、家具与室内之间的组合、协调与统一所构成的室内环境的整体形态;二是家具自身整体形态设计,

图 5-38　装饰增添了家具的艺术特征

即同一家具中的各种形态要素所展现或传达给人的一种有关物体形态的整体感觉和整体印象。

整体家具形态的设计基本出发点是从整体协调一致的角度来考虑家具的形态。室内空间形态的构成要素是多方面的,其中家具作为室内空间的主要陈设,对于室内空间的整体形态构成具有决定性的意义。就单独的家具形态而言,由于家具承载着诸多的文化意义,因此,对于家具的叙述也不是一件简单的事情。系统设计方法论基本原理告诉人们,任何设计对象都不是相互孤立的,只要将与设计对象有关的所有因素综合考虑,才能达到设计的真正目的。

(1) 室内空间环境"场"中的整体家具形态

室内空间具有典型的形态特征,它的主要构成要素包括室内的空间形态、空间的组织、空间的体量、空间界面的形态以及室内空间的视觉特征等。在上述各类室内空间构成要素中,家具都扮演着不可替代的角色。

由建筑本体塑造的室内空间由于受到各种因素的制约往往是非常有限的,这不能完全满足人们居住和生活的需求,赋予室内空间一个完全适合于人们生活行为和审美行为的形态特征,室内设计担负着完善和改造建筑空间的重要责任。家具作为一种可视的形态存在,既可以使原本单调的室内空间变得丰富多彩,也可能因为家具的存在使原本次序井然的建筑空间变得杂乱无章。在这里,家具整体形态与建筑空间的使用性就十分重要。问题的关键在于确立建筑室内空间形态和家具形态的主体性,即关于"场景"与"角色"的关系问题。家具既可以构成室内空间形态的"场景",也可以作为室内场景中的"角色"。当原本建筑室内空间形态比较单纯时。其形态特征主要由包括家具在内的室内陈设决定,此种情形下的家具形态设计担负着构筑室内空间"场景"的作用。当前社会上处理居住室内空间时普遍流行所谓"重装饰轻装修"的做法。实质上就是把室内陈设作为室内空间的"场景"来加以营造的做法。作为室内空间场景的家具,其形态设计的定位应该是以"大手笔"的形式出现,从而确立室内空间的基本形式特征,如图5-39所示。当原本建筑室内形态处于主导地位时,包括家具在内的室内陈设的形态特征就应该是"配角","点缀"便成为主要的设计手法。

家具通常以一种"体空间"的形式出现在室内空间中,由于家具的存在,原来的室内空间不可避免地发生变化。原本宽敞的室内空间由于家具的存在可能变得拥挤,也可能因此而变得生动和充实。家具的体量特征对室内空间体量特征的影响是不言而喻的。一个偌大的室内空间只有依托体量大的家具才能形成生活的氛围。

总之,作为室内环境"场"中的家具形态设计应当以室内空间形态作为基本立足点,以营造和谐统一的室内空间氛围为主要目的。

(2) 独立存在的家具整体形态

对于家具设计师而言,家具也经常以一种独立的创作对象而存在。这种设计背景下的工作更类似于雕塑等艺术创作形式或专业的产品设计工作。

家具很少以一种简单或单纯的形态特征出现,因为家具设计需要追求完美的造型意义,而一个完整设计意义的表达通常需要一个丰富而具有内涵的形态来加以体现。家具是一种物质性和精神性兼备并具有丰富文化内涵的产品,要表达家具的完整意义,需要将家具的各种形态特征综合于一体来集中表现。家具的物质形态特征如技术形态、材料形态、结构形态等融合于一体,集中实现家具功能的意义;各种材料形态、装饰形态、色彩形态等有机统一,以此来实现家具的装饰意义;各种形态的完美结合,综合实现家具的文化意义。

家具设计同其他设计艺术一样需要追求设计自身的风格特征。一种具有典型风格意义特征的设计往往是一系列形态特征的综合的具体体现。中国传统家具中明式家具风格的主要特征表现在合理的功

图5-39 家具确立了室内空间的基本形式特征

图 5-40 家具形态是一种综合形态　　图 5-41 多功能家具形态

能尺度、简洁的造型、天然质感的木材、繁简相宜的装饰、精致和高强的结构等几个方面，因此，体现这种风格的家具形态，必然是家具在材料形态、结构形态、功能形态、装饰形态等方面的综合反映，如图 5-40 所示。

当代家具往往以一种工业产品的形态出现。作为一种工业产品，除了需要体现作为产品的完整的功能意义外，还不可避免地带有工业产品的形态痕迹。

多功能是现代工业产品典型的特征之一，家具产品的设计也不例外。家具产品的多功能必然伴随着家具形态的组合化和多样化。一个凳子实现了坐的功能形态，有了扶手而椅子的形态与凳子的形态特征明显是有区别的。具有多功能的系统家具是当今家具设计领域的一大创新，并在相当长的一段历史时期内会成为家具设计的主要趋势之一。将居住空间中的背景墙、视听柜和储存柜等功能综合于一体的客厅组合柜就是形态特征的典型例子，如图 5-41 所示。

从狭义的设计意义出发，家具设计就意味着对家具产品的造型构思。一个完美的造型体现了合理的形态构成原则和各种形式美的法则。家具造型设计具体落实在对形态的构成要素如点、线、面、体、色彩、质感等要素的分解与组合上，要使这些要素具有为人所接受的特定的审美意义，设计师常常要运用统一与变化、对称与均衡、节奏与韵律等具体的造型形态。这个复杂过程中最关键的因素就是要使各形态要素达到高度的协调。

总之，家具作为一种形态存在，必须体现家具自身完美的造型意义、功能意义，才能实现自身完美的形态。

思考题

1. 家具形态的种类包括哪些？
2. 家具色彩形态的构成有哪几种方式？
3. 什么是人体家具、准人体家具和非人体家具？

第 6 章
家具构成设计

6.1 家具的立面分割设计
6.2 家具的立体构成设计
6.3 由功能构成设计的家具基本形式

6.1 家具的立面分割设计

6.1.1 分割设计的概念

一切造型活动都离不开构成的理论与方法，即所谓三大构成方法，它包括平面构成、立体构成和色彩构成。分割设计便是平面设计的重要内容之一。书籍的封面、商标、广告，以及报纸的版面设计自然离不开分割设计，家具等立体产品的构成也不能例外。柜类家具表面的门、屉、搁板及空间的划分都是平面分割设计的内容，它是外形基本确定以后的内部设计。

分割设计所研究的主要是整体和部分、部分和部分之间的均衡关系，就是运用数理逻辑来表现造型的形式美。它一方面研究家具形式上某些常见的而又容易引起人们美感的几何形状，另一方面则研究和探求各部分之间获得良好比例关系的数学原理。美的分割可以使同一形体表现出千变万化的情态来，对加强形态的性格具有重要意义。由此可见，分割设计是造型设计中的一个重要手段。

6.1.2 家具立面的分割设计的原理

分割是对有限范围内的内部规划与设计，是整体造型的核心问题之一。所谓造型整体是指作为一个统一的或者是可以独立品味的对象物，它可以是由两个或两个以上的若干部分构成。所谓造型部分，则指分解整体的独立的结构单元，对家具组合柜而言，它可以是一个单元柜；对一个柜而言，它可以是一扇门，一个抽屉，或一块搁板，等等。这些部分分割的原理，就美的构成法则而言，就是使它们之间具有良好的比例关系，这种比例关系就是分割的内在联系。

凡是优秀的家具作品，都存在着基本几何形状的重复，并以此基本形状进行组合和分解，构成整体与部分，部分与部分之间的相似，从而产生和谐，并使整体与部分，部分与部分之间表现出明显的相似性与依存性。所谓"相似性"是指它们的比相同而言，"依存性"则是指它们的对角线相互平行或垂直而言。凡是美的图形都有明确的外形，这些形状的周边比率并非偶然的凑合，而是受到一定的数理关系的制约，这种制约越严谨，则引起人们美感的可能性也就越大，这样的关系也就可以使总的组合具有明显的艺术表现力。这种数理关系便是分割设计的依据和原理。

6.1.3 具有规律性的长方形

（1）平方根长方形

短边为1，长边为$\sqrt{2}$，这种长方形叫$\sqrt{2}$长方形；短边为1，长边为$\sqrt{3}$，这种长方形叫$\sqrt{3}$长方形。以此类推可以得$\sqrt{4}$、$\sqrt{5}$、$\sqrt{6}$、$\sqrt{7}$等长方形。

它们的比值关系如下：

正方形 1∶1　　$\sqrt{2}$长方形 1∶1.414　　$\sqrt{3}$长方形 1∶1.732

$\sqrt{4}$长方形 1∶2　　$\sqrt{5}$长方形 1∶2.236　　$\sqrt{6}$长方形 1∶2.449

以上边长比的长方形都称平方根长方形，因为它们的边长都是无理数，若用数值作图就很难量取，如用几何法求得，不但简便，而且精确。平方根长方形是家具形体和表面分割单元常用的长方形，其作图法如图6-1所示。

由图可知：正方形的对角线就是$\sqrt{2}$长方形的长边，$\sqrt{2}$长方形的对角线就是$\sqrt{3}$长方形的边长，以此类推可以作出任意平方根长方形。

图6-2中$1∶\frac{1}{\sqrt{2}}$仍为1.41，$1∶\frac{1}{\sqrt{3}}$为1.732……所以是长边为1的平方根长方形。以正方形的边长为半径作圆弧，作对角线与圆弧相交，过交点所作的水平线所构成的下方的长方形即为$\sqrt{2}$长方形；过$\sqrt{2}$长方形对角线与圆弧的交点作水平线所构成的长方形即为$\sqrt{3}$长方形。以此类推也可以作出任意平方根长方形。

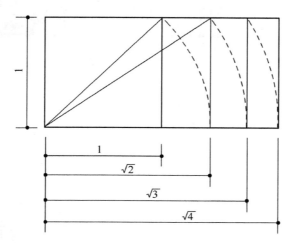

图6-1　正方形外作图法

(2) 黄金率矩形

如果将已知线段作大小两部分的分割，要使小的部分和大的部分之比，等于大的部分和全体之比，这个比率就叫黄金比率。以此比率下的大、小两部分分别作长、短两边，这样作出的长方形就叫黄金率矩形。

黄金比率若以小的部分为 1，大的部分为 x，则 $1:x=x:(x+1)$，移项后得：

$$x^2=x+1 \quad x=\frac{1\pm\sqrt{5}}{2}$$

$\therefore x_1=1.618 \quad x_2=-0.618$

用两个根作图其比值不变，0.618 就叫黄金比率。用黄金比分割已知线段如图 6-3 所示。

黄金比率矩形作出包容已知矩形的大的黄金率矩形（图 6-4～图 6-7）。

在图 6-7 中，用图示方法作出的黄金率矩形后，只要在它长边的一侧，以长边为边长作出正方形，该正方形与原矩形所组成的矩形仍然是黄金率长方形，图中 CDEF 及 FCHG 矩形即为依次作出的黄金率矩形。这种作图方法可以为表面分割设计所应用。

在黄金率矩形内用图 6-8 所示方法，可作一系列逐渐缩小的新的黄金率矩形。作图方法是连一对角线 AC，过 D 作 AC 的垂线交 AB 于 E 点，过 E 作垂线 EF，矩形 AEFD 即为新的黄金率矩形。而 EBCF 正好是正方形。用同法可以继续作出 AEHG 等一系列黄金率矩形。

黄金率矩形与正方形、$\sqrt{5}$ 矩形之间有着非常密切的关系，如图 6-9 所示。将两个黄金率矩形重叠，并使重叠部分为正方形，所组成的长方形就是 $\sqrt{5}$ 矩形。

若把图 6-7 或图 6-8 所连续作出的矩形并列在一起，我们将发现它们不但对角线平行，而且增大比率相同，即 $H_1:H_2=H_2:H_3=H_3:H_4=H_4:H_5=0.618$，比值的另一种表现形式是 $H_1+H_2=H_3$；$H_2+H_3=H_4$；$H_3+H_4=H_5$。从图 6-10 中的灰色小矩形可知，$H'_1=H_1$；$H'_2=H_2$；$H'_3=H_3$。以上图示表明了黄金比率矩形在协调图形比例关系中的作用。

6.1.4 立面分割的类型与形式

（1）立面分割的类型

如图 6-11 所示，立面分割的类型有：算术级数分割、几何级数分割、$\sqrt{2}$ 比率分割、等距与倍数分割、黄金比率分割、自由分割。

（2）数学级数分割

数学级数分割分为等差级数（算术级数）与等比级数（几何级数）分割。这种分割的间距具有明显的规律性，它比等分分割更富于变化而具

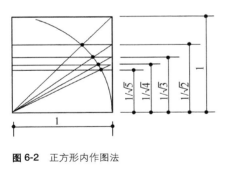

图 6-2 正方形内作图法

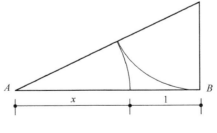

图 6-3 黄金比率

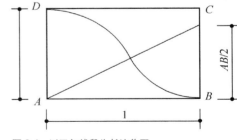

图 6-4 以已知线段为长边作图

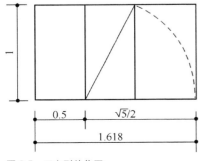

图 6-5 正方形外作图

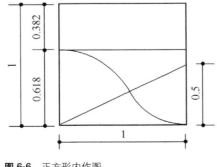

图 6-6 正方形内作图

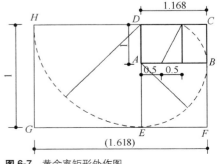

图 6-7 黄金率矩形外作图

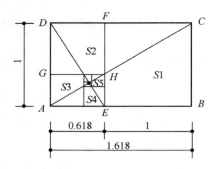

图 6-8 黄金率矩形内作图

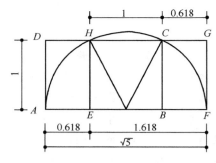

图 6-9 黄金率矩形与正方形、$\sqrt{5}$矩形的关系

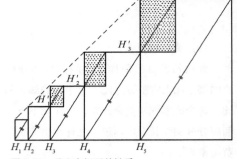

图 6-10 黄金率矩形的性质

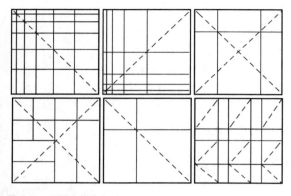

图 6-11 立面分割的类型

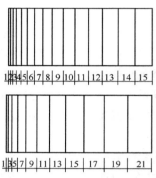

图 6-12 等差级数分割

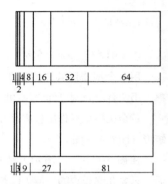

图 6-13 等比级数分割

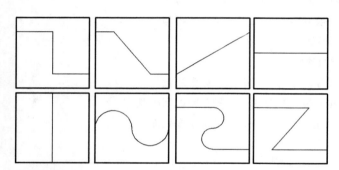

图 6-14 两等分分割

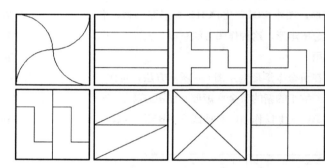

图 6-15 四等分分割

有韵律美。图 6-12 为级差 1 及 2 的等差级数分割形式，图 6-13 是公比为 2 及 3 的等比级数分割形式。

（3）等分分割

等分分割是等量同形的分割，就是把一个总体分割成若干相等而又相同的部分。这种分割常表现为对称的构成，具有均衡、均匀的特点，给人以和谐的美感。等分分割一般以两等分、三等分、四等分或多等分分割。等分分割在家具中常见，但有单调之感（图 6-14 ~ 图 6-16）。

（4）倍数分割

倍数分割是指分割的部分与部分之间，部分与整体之间依据简单的倍数关系进行分割，如 1∶1、1∶2、1∶3、1∶4、1∶5 等。由于它们的数比关系明了简单，给人以条理清晰、秩序井然之感，在柜类家具表面分割中得到较广泛的应用（图 6-17 ~ 图 6-19）。

（5）黄金比率分割

黄金比率分割是公认的古典美比例，在设计中应用最为广泛。图 6-20 是在一个黄金率矩形内两边长分别按黄金比率分割后进行排列组合所形成的分割形式。多黄金率矩形的分割与组合在实例分析中介绍。

（6）平方根比率分割

平方根长方形有类同黄金比率分割的美感，不同的比率各有特点，为家具造型提供了广泛的选择余地（图 6-21 ~ 图 6-24）。

平方根矩形的特点是，由矩形的一角向另外

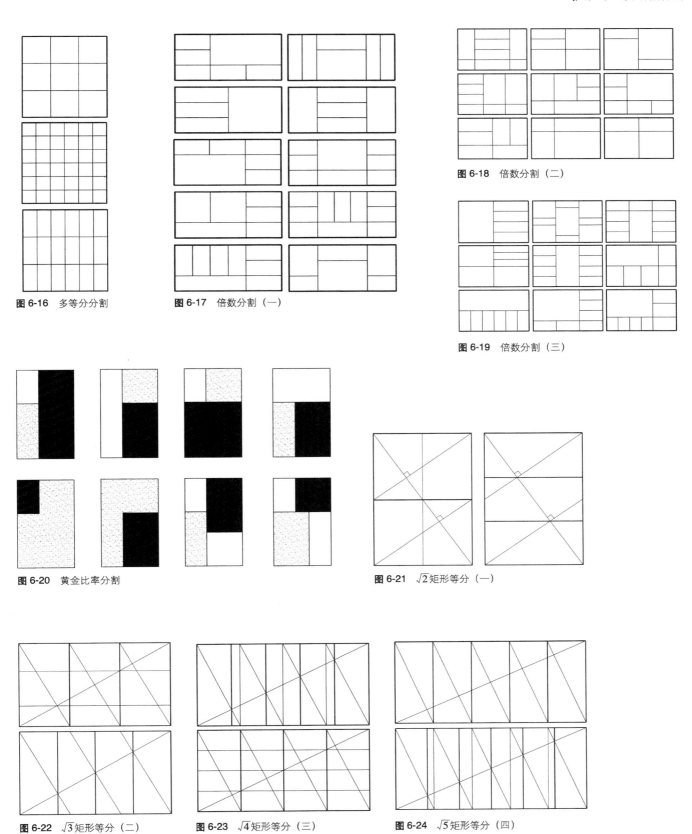

图 6-16 多等分分割
图 6-17 倍数分割（一）
图 6-18 倍数分割（二）
图 6-19 倍数分割（三）
图 6-20 黄金比率分割
图 6-21 $\sqrt{2}$ 矩形等分（一）
图 6-22 $\sqrt{3}$ 矩形等分（二）
图 6-23 $\sqrt{4}$ 矩形等分（三）
图 6-24 $\sqrt{5}$ 矩形等分（四）

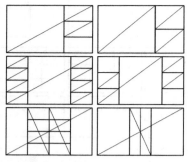
图 6-25 自由分割（一）

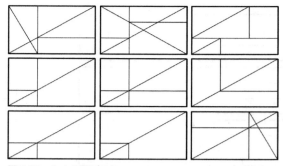
图 6-26 自由分割（二）

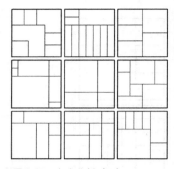
图 6-27 自由分割（三）

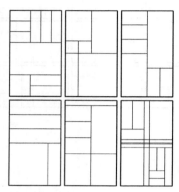
图 6-28 自由分割（四）

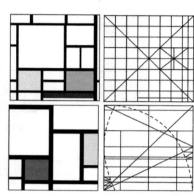
图 6-29 蒙特里安构图二幅

两角的连线（对角线）连续地有规律地作垂线可以将平方根矩形等分。$\sqrt{2}$矩形可以整分为2等分或3等分；$\sqrt{3}$矩形可以等分为3等分或4等分，其余类推，是一种特殊的等分分割。平方根矩形内按根值比可以进行同类黄金比率的分割，在此从略。

（7）自由分割

自由分割是运用美学法则，如对称与均衡、节奏与韵律等原理，设计者凭个人直觉判断进行的分割。在进行分割时，一方面要注意协调统一，要寻求共同因素来求得联系与协调。这种共同因素包括比率的接近与渐变、图形的相似，以及对角线的平行与垂直等，是对上述各种分割的综合应用，在家具表面分割设计中应用最为广泛（图6-25～图6-28）。

图6-29为蒙特里安作于1921年名为"构思"的油画。经分析可以了解到该构图是以正方形为基础，按等分法进行构图的。

以等距分割为基础，在8等分的基础上，于右侧又增加了一条1/16的垂直分割线。

以自左至右第5等分线及自上至下第5等分线组成十字骨架，以3∶5的近视黄金比率形成了分割的主调。为了进一步丰富变化，从中心向右又分割出两个小的黄金率矩形，于是就形成了依黄金率变化的主旋律；为了增加变化，底部还增加了一条1/24的水平分割线，其余皆取1∶2、1∶3的简明分割，再加上色彩处理，从而使画面得到完美的平衡。

下图名为"红黄蓝"的构图，它是按正方形内作平方根矩形的方法寻找分割线，是以无理数列为基调的构图（$1/\sqrt{2}$、$1/\sqrt{3}$、$1/\sqrt{4}$、$1/\sqrt{5}$、$1/\sqrt{6}$、$1/\sqrt{7}$……）。它取$1/\sqrt{2}$、$1/\sqrt{4}$、$1/\sqrt{6}$、$1/\sqrt{8}$的分割线为主旋律，以$1/\sqrt{3}$、$1/\sqrt{5}$、$1/\sqrt{7}$作合声。它以$1/\sqrt{6}$、与$1/\sqrt{7}$的差距为分割线的相度，并按上轻下重，左轻右重的视觉平衡原则作分割线的取舍。

通过上面二例自由分割构图的分析，为我们产品设计中的分割设计提供了线索，打开了思路。

6.1.5 立面分割在家具设计中的应用

分割对于家具，特别是对组合柜的造型是十分重要的。分割的原则一是要按特定的用途、功能等要求来分割，二是要根据表现形式的需要，即根据形与形之间的相似性和依存性，以及面积大小的均衡与协调的原则进行分割。另一方面，还要受到材料性能与结构的限制。我们应重视表面的分割设计，用以丰富表面构图的变化，加强艺术表现力，而又不能忽视产品的功能特性与工艺要求。因此家具的分割设计必须综合各种因素，灵活运用分割的原则，创造出符合功能、结构、工艺条件和美的要求分割配置形式。

下面是分割在家具设计中的应用实例。

等距分割是最简单的分割，具有均衡的韵律美，常用于公用家具，如文件柜、卡片柜、药品柜等，但整体造型略显单调，缺少变化（图6-30）。

图6-31是由1∶2的倍数关系形成的分割形式，高向和宽向的间隔均为大小两规格，比率为2。由于大小两种规格的有规律的组合，使表面匀称而呈现一定的变化，且等分分割更富于形式表达。

图6-32是一组算术级数的分割，从上至下、从左至右按统一的级差逐格增加，有着渐变的韵律感。由于两个方向尺度对应相等，因此在对角线方向形成了一系列的正方形，这种分割的形式感较强，但对功能（如物品的存放等）有一定的影响，仅用于装饰性的物品架。

图6-33是一个全部按黄金比率长方形构成的组合柜，组合柜由3个单元构成，每个单元分割为大小两个黄金比率矩形，在大的黄金率矩形内，根据功能需要在分割点上分为上、下两部分。为了丰富变化，中间部分与两侧部分长短边换位，在形的相似统一中，通过方向和空间变化形成对比。

图6-34是以黄金比率矩形为主调的分割。形与形之间具有极强的一致性，它通过第二单元柜中间部分的隔透型单元黄金比率矩形，第三单元柜的开敞型黄金比率矩形，以及第四单元的异型宽度，使统一中又富于变化。

图6-35也是由大大小小的黄金比率矩形与$\sqrt{2}$矩形构成的组合柜，具有图6-34同样的效果。

图6-36为正方形与$\sqrt{2}$矩形间隔配合构成的组合柜，每个组合单元再分别进行二等分、三等分、四等分的倍数分割，以横向分割与开敞型虚空间为主，配以少量的屉、门，适合于书柜及多用柜的分割。

图6-37是一个自由构成的博古架，似乎毫无规律可言，其实经过仔细观察，不难发现它的构成由一系列的大大小小的正方形与二元体构成的。在博古架的下部有一大一小两个$\sqrt{2}$矩形，通过一横向搁板将其联在一起。$\sqrt{2}$矩形以及正方形搁板架之间的通透型空间的不规则过渡，使整体构成显得丰富多彩。

图 6-30 等距分割

图 6-31 倍数分割

图 6-32 数学级数分割

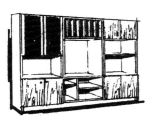
图 6-33 黄金比率分割

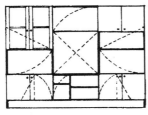
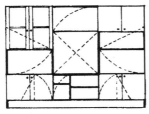
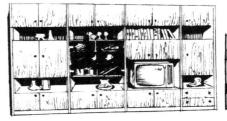
图 6-34 黄金比率矩形为主调的分割

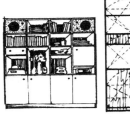
图 6-35 黄金比率矩形与$\sqrt{2}$矩形分割

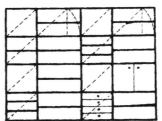
图 6-36 正方形与$\sqrt{2}$矩形分割

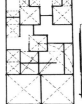

图 6-37 自由分割

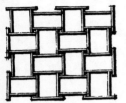

图 6-38　特殊分割

图 6-38 是一个由一系列的 $\sqrt{3}$ 矩形纵横排列组装而成的陈列架，是一种特殊的分割形式，具有一种类似竹编的韵律感。

6.2　家具的立体构成设计

6.2.1　立体构成的概念

抽象的立体构成是一门造型艺术的基础学科，本节将从两方面入手：根据立体构成的原理和从功能构成方面，结合一定数量的家具实例，来介绍家具立体构成的基本方法，为家具新产品开发在形态创造方面提示方向，启迪思维。

根据立体构成的原理，家具立体构成的基本形式如下所示：

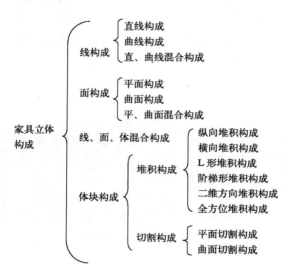

从家具的功能构成方面考虑，家具立体构成的基本形式有：

$$家具立体构成\begin{cases}小型\\迭叠\\组合与分解\\套装\\系列\end{cases}$$

6.2.2　家具立体构成设计的基本形式

(1) 线的构成

这里的线是指线材，在家具构成中主要指钢管、钢丝、藤条、木方材等材料制成的家具。尽管这些材料也是具有一定形状的实体，但断面尺寸与长度相差悬殊，所以仍把它看成是线材。完全用线材构成的家具较少，主要是椅子和一些诸如铁丝挂架和搁架之类的小品。图 6-39 为用不同线材加工而成的家具示例，图 6-40 为线材构成的其他家具。

(2) 面的构成

面是构成家具最普遍的形式，在家具构成中常指木质板材，包括用各种人造板制作的板式部件、金属薄板及塑料板材等。曲面板件常用塑料模压、浇铸成型，玻璃纤维与树脂模塑成型，单板多层胶压成型等工艺制作而成，是构成现代座具的常见形式，具有优美多姿，新颖奇特，轻巧等特点。平面板件也可以独立构成各类家具，如果用板件围成封闭形则成为体的概念，所以我们把柜类家具的构成归于体的构成，尽管它还是板件所构成。图 6-41 为面构成的座具，图 6-42 为面构成的其他家具实例。

(3) 线、面、体的混合构成

体是指物质块体，体可以独立构成家具，而且是重要的构成形式。也可以线与面、线与体、面与体以及线、面、体混合构成家具，在家具立体构成中有着更为广泛的天地。在桌、椅类的家具中，线与面配合构成是家具最普遍的形式，直线、曲线、几何平面、非几何平面、曲面等相互交错配合，使得家具形体千姿百态，美不胜收。特别在现代桌椅类的家具设计中更显得丰富多彩，而不受传统形式的约束，使得构成的方式发挥得淋漓尽致。在现代桌椅类设计中，线、面与体配合构成也不足为奇。图 6-43～图 6-46 为线、面、体构成的家具实例。

(4) 体的堆积构成

家具中的沙发和柜类，在视觉上常以不同形状和大小的块体形式出现，尽管它的内部是一个贮存空间或结构空间，我们仍把它看作体。体有平面立体、曲面立体、几何体和有机形体等形状。体的堆积可以理解为不同形体的组合，而不管它结构上是否为一整体。在结构上表现为一个整体时，是单件家具，在结构上表现为多个单体时便是组合家具，如组合柜、组合沙发等。从体的数量上分，有双体、三体组合或多体组合。从堆积形式上看有垂直方向堆积，水平方向堆积，二维（垂直和水平）堆积，以及全方位堆积。全方位堆积就是在上下、左右、前后三向均有堆积层次出现，一般在室内居中出现，四面均可使用，形似一小岛，所以又可称之为孤岛式组合。在大的室内空间，柜类和沙发的组合，办公家具和儿童家具均可以采用这种组合形式。体的堆积是柜类和沙发的主要组合形式，图 6-47～图 6-51 为各种堆积形式构成的家具示例。

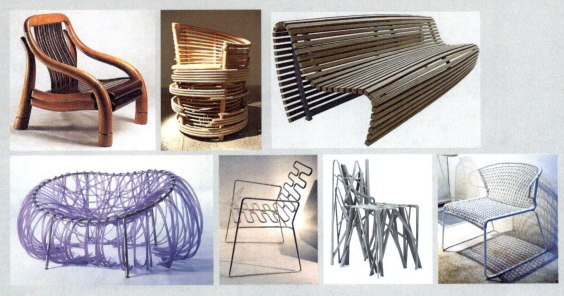

图 6-39 线材构成的座具

图 6-40 线材构成的其他家具
图 6-41 面构成的座具

图 6-42　面构成的其他家具

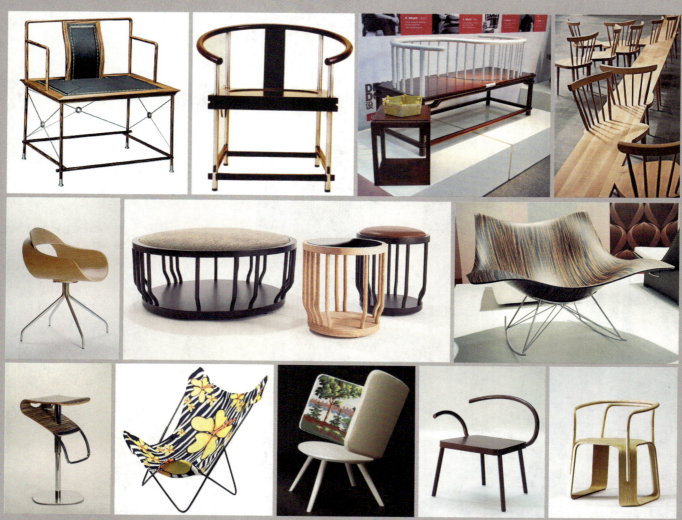

图 6-43　线面混合构成的座具

图 6-44 线面混合构成的几架

图 6-46 线面体混合构成的柜类家具

图 6-45 线面体混合构成的座具

图 6-47 沙发的堆积构成

图 6-48　柜的垂直堆积构成

图 6-49　柜的水平堆积构成

图 6-50　组合柜的二维堆积构成

图 6-51　组合柜的全方位堆积构成

(5) 体的切割构成

切割构成是体的另一种构成方法。切割是设计思维上的切割，是相对于简单的几何体而言。切割法是为了功能或造型的需要，把家具形体设计成有凹口或凸块的形体，使其与简单的几何体相比，好像切割掉某些部分后所留下的体。借用切割概念与手法，可以使家具形体凹凸分明，层次丰富，变化无穷。平面切割的形体刚劲有力，曲面切割的立体委婉动情。有时候某一形体既可以看做是切割构成，也可以理解为堆积构成，但这并不影响我们概念上的划分，对于设计实践也毫无影响。切割构成的形式常表现在桌面、柜体或沙发的形体变化上（图 6-52 ~ 图 6-56）。

图 6-52　柜体的切割构成

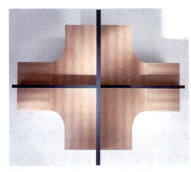  

图 6-53　桌面和几面的切割构成

图 6-54　座具面的切割构成　　　　　　**图** 6-55　床的切割构成

图 6-56　沙发的切割构成

6.3 由功能构成设计的家具基本形式

6.3.1 小型

在体积、面积等方面不及一般或不及比较对象的形态，但又具备一定机能的造型，称为小型。小型化的家具产品主要体现在轻、短、小、薄等方面，使各零部件尽可能紧凑地接合在一起而又不失其整体性能。设计这类家具产品，必须以小型的零部件来装配，还要考虑到使用环境的小型化，即使用空间的小型化，这就是小型化设计的本意所在。在生活中常见的小型化家具有不少，例如，厨房灶台边上拐角处的贮放佐料等的小搁柜、门厅入口处小角落里的存放雨伞和鞋的小柜、专供床上使用的茶几、家庭使用的"迷你"酒吧、娱乐场所的小吧凳，以及小型的茶几、电话台、书架等，都是小型化的家具产品（如图 6-57 所示），小型化的家具有趣感效应。

作为小型化的结果，从形态上来讲还可以用"袖珍"一词来描述，即体积比一般较小的、便于携带的意思。这些小型化的产品是随着人们起居环境、工作模式的变化以及适合人体机能的必要性产生的。如外国政要人物在临时性会议场合发表简短讲话用的讲台就是由一个轻巧的支架和书本大小的台板所构成，与大型会议的讲台相比，"袖珍"一词恰如其分。

6.3.2 迭叠

迭叠就是在设计整体产品前提下，使用可以折叠、抽拉、翻转等活动的装置，使产品在使用时某些部件可以自由展开，不用时可收敛叠置在一起。

图 6-57 小型化家具

图 6-58 迭叠造型的餐饮家具

图 6-59　迭叠造型的座具

图 6-60　书柜迭叠前后的造型

图 6-61　可组合与分解的视听组合柜

图 6-62　可组合分解的梳妆台

图 6-63　可组合分解的陈列架

图 6-64　可组合分解的多功能组合书柜

这些具备可变形结构设计的家具，可以节约空间，便于运输、携带，同时也具有某种趣味性。如图6-58～图6-60为迭叠造型家具示例。

6.3.3　组合与分解

分解式的造型，是在系统的前提下部件是可以解体的，这一点与迭叠式的形态相反，因迭叠式产品具有可移动的结构装置，部件彼此间并不分离。分解式设计的目的是便于产品的搬运与携带，例如，在设计产品时，我们不但须考虑家具与门洞的尺寸（需上楼层的家具还要考虑楼梯间的尺寸），还要考虑运输过程等一系列问题。产品的部件之间既然可以分解，当然也可实现相互间关联的整体构成，这就是组合。必须指出，这里的组合并非是一种形式的组合，所以分解也意味着可分解的部件有多种形式的组合，这样家具在功能不变的同时造型却丰富多样了。如图6-61～图6-65所示。

其中，图6-65所示的多功能组合沙发为2009年科隆国际家具展上[d3]Design Talents天才设计展作品，由德国室内设计组Studio Wahner（Germany）设计，作品也获得了素有工业设计界的"奥斯卡"之称的德国汉诺威国际工业设计大奖IF Product

图 6-65 可组合分解的多功能组合沙发

图 6-66 套装的茶几

Design Award 2009。这组沙发由多种造型的轻质单体组成,搬动便捷,可根据不同的使用场合拼合出多种组合形式,可聚可散,可高可低,变化万千,既可用于室内,也可用于室外。它可根据不同的环境与不同的使用者采用不同的色彩与面料,也可不定期地改变组合形式获得新鲜感,消除一成不变的审美疲劳。从另一个角度来看,它也是生活环境中不可多得的一类装饰"雕塑"。

6.3.4 套装

套装是指造型一致、大小各异的产品可以叠套起来的构成设计方法。这种设计既可使产品在不使用时节约使用空间,又便于包装和运输,更可以使产品具有趣味性。如图 6-66 所示。

6.3.5 系列

与设计意图和目的相关联的、近似的成组成套的一组造型称为系列,它适用于同一商标系统或同一厂家的产品设计。产品配套的形式通常有 3 种,第一种是同品种不同规格的配套,这类配套的产品常见的有造型一致或近似的床、茶几、办公台、文件柜和沙发等(图 6-67,图 6-68);第二种是同品种同规格但选材、色彩、组合形式有部分或全部不同的产品的配套,这类产品常见的有软体家具面料的选材和色彩(图案)的变化,同一件(套)家具的不同选材、涂装套色方案等(图 6-69);第三种是品种不同但相互间有密切联系的产品配套,正如"文房四宝"的笔、墨、纸、砚的配套一样,客厅中的沙发、茶几和矮柜的配套,卧室中床、床头柜、梳妆台、衣柜的配套,以及客厅家具与卧室家具、餐厨家具的配套等,都属于这类配套(图 6-70)。

系列化设计应考虑在把功能放在首位的前提下,力求使各单件产品的形态一致或相似,并保持各产品间色彩和装饰格调的一致,以形成一种统一的视觉形象。系列化设计往往易于识别,并能适应不同层次消费者和不同使用环境的需求,有利于树立企业、品牌的形象,增加产品的市场竞争力。

图 6-67 造型近似的系列沙发

图 6-68 造型近似的系列柜

图 6-69　同品种同规格组合形式近似的系列柜

图 6-70　系列化成套家具

思考题

1. 什么是家具立面的分割？
2. 什么是黄金比率分割？
3. 家具立面分割的类型有哪些？
4. 试画出不同分割类型的家具立面各 10 例。
5. 家具的立体构成有哪些基本形式？
6. 从家具的功能构成方面考虑，家具构成设计的方法有哪些？
7. 试画出不同立体构成类型的家具草图各 10 例。

第 7 章
家具技术设计

7.1 家具的选材与工艺设计
7.2 家具的结构设计
7.3 家具的用料与成本

家具作为一种融使用功能和审美功能于一体的大众化工业产品，其设计既要保证产品的美观、实用，又要便于生产、安装并尽可能地降低成本。因此，家具设计不仅要从形态、色彩、肌理、装饰等外观形式要素进行造型设计，同时也要从材料、结构、工艺等方面进行技术设计。

技术是人类在自身生存和社会发展所进行的实践活动中，为达到预期目的而根据客观规律对自然和社会进行调节、控制、改造的知识、技能、手段、规则、方法的集合。因此，"技术"是一个系统，表现为一种动态过程。

家具技术设计主要是解决关于家具生产制造活动中与技术有关的问题的设计。其主要内容包括材料的选择、合理结构形式的确定、生产工艺的计划、成本的核算、强度和耐久性的保证等。

7.1 家具的选材与工艺设计

家具是由一定的材料经过一定的加工工艺而构成的。一件好的家具，必须是在综合考虑材料、结构、生产技术等构成条件和满足于使用功能的前提下，将现代社会可能提供的新材料、新技术创造性地加以运用，使之成为一个和谐完美的整体。

材料是构成家具的物质基础。而自然界中材料有万千种，各种材料都有着自身的形象特征、质感和触感，并且加工性能各异而体现出各自不同的材质美。因此，设计家具时必须考虑材料的因素。产品艺术效果的获得，不在于贵重材料的堆积，而在于材料合理的配合与质感和谐地运用。只有正确地选材并施以正确的工艺技巧，给予合理的功能、赋予美的点缀和修饰，才能获得真正美的效果。丹麦著名的家具设计师克林特说过："用正确的技巧去处理正确的材料，才能真正解决人类的需要，并获得美的效果"。同时还明确指出："将材料特性发挥到最大限度是任何完美设计的第一原则"。所以，对家具设计来说，必须根据使用功能来选择合适的材料，并利用材料的不同特性，把它们有机地组织在一起，使其各自的美感得以表现和深化。材料、工艺反映着时代特征，新的材料必然带来新的结构和新的产品形式。所以，家具设计师必须善于接受新材料，熟悉各种材料的特性，从材料特性本身推出家具产品所需的结构和形式，能动地使用物质技术条件，给予功能以特定的表现形式和艺术装饰，便会产生千姿百态的式样，形成自己特定的风格。

7.1.1 家具的用材选择

与设计的其他方面相比，材料的选择是最基本的，它提供了设计的起点。产品设计的过程从某个角度来讲是对材料的理解与认识的过程，是"造物"与"创新"的过程。材料选择的好坏，对产品的内在与外观质量影响极大。

7.1.1.1 家具材料选择的基本原则

家具材料选择是家具设计的重要组成部分。家具材料选择必须符合家具设计的总体原则。其中主要应考虑下列因素：

（1）功能性原则

家具材料的选择首先应满足其使用功能，包括外观的要求，工艺性能和安全性能。

外观需求——材料的质地和肌理决定了产品的外观质量的特殊感受，因此，应充分发挥材料的各种性能，包括材料的基本属性和表面装饰性能。一般情况下，表面装饰性能是指对其进行涂饰、胶贴、雕刻、着色、烫、烙等装饰的可行性。

工艺性能——材料的加工工艺性能直接影响到家具的生产及材料所能允许制造成的结构形式。因此，作为设计人员要掌握材料的制造性能，并在选择材料时充分考虑材料利用的现实技术条件。工艺性能包括机械性能、物理性能、化学性能、尺寸性能等。

安全性能——材料的选择应当按照有关的标准正确选用，并充分考虑各种可能预见的危险。比如强度方面就要充分考虑材料的握着力和抗劈性能及弹性模量等安全指标。

（2）市场原则

家具不仅是一种用品，更是一种商品。因而必须考虑其实现产品的可行性和经济性。

可行性——设计师应首先了解手边有没有所需的材料，如果没有，就必须用另一种材料代替。在家具设计中，结构与外观造型密切相关，不同的结构方式对产品造型的布局和细部处理都有直接的影响。而结构是受材料制约的，采用不同的材料，所能获得的结构方式以及由此而产生的产品形体各不相同，质感各异。

经济性——在满足使用要求、艺术造型、工艺和可行性的同时，尽可能选用价廉的材料，使总成本降至最低，从而在市场上具有最强的竞争力。家具材料的经济性包括材料的价格、使用寿命、材料加工的劳动消耗、材料的利用率及材料来源的丰富性。

（3）绿色原则

设计产品时应优先选用绿色材料、可降解材料；尽量避免采用多种不同的材料，以便产品回收和再利用；减少表面装饰；倡导废弃物的再利用，充分选用废弃物的再生材料，以利于资源的再循环利用，它不仅能有效减少可能污染环境的垃圾堆放，也大大节约了原材料。

（4）资源持续利用的原则

可持续发展是所有现代工业必须遵循的基本原则，家具工业也不例外。首先，设计时要做到减量，即减少产品的用料，简化和消除不必要的功能，尽量减少产品制作和使用过程中的能源消耗。对于木质家具而言，要尽量利用速生材、小径材和人造板为原料，对于珍贵木材应以薄木贴面形式提高利用率；其次，应考虑产品的再使用，将其设计成容易维护、可再次或重复使用、可部分更替的家具。

7.1.1.2 家具常用材料

能用于家具制造的材料很多，可以说几乎找不到不能用于家具设计和制造的材料。常见的家具材料类型主要包括木材和木质材料、金属材料、塑料、皮革和织物、玻璃、石材、竹材、藤材等主体材料及涂料、贴面材料、软垫材料、胶黏剂和五金配件等辅助材料。不同的材料具有不同的光泽、质地、色彩、纹样等物理、力学性能。

（1）木材和木质材料

木材是由裸子植物和被子植物的树木产生的天然材料。按照树叶的外观形状，木材分针叶材（软材）和阔叶材（硬材）两大类。

木材是制作家具最常用也是历史最悠久的一种材料。木材优良的加工性能使得能工巧匠们对木材极尽能事，也创造出了不同的传统家具艺术风格（图7-1）。

现代家具中，木材和木质材料仍然是家具材料的首选，除了人们对木材的传统使用习惯以及由此而产生的情感外，木材本身的性能也起到了决定性的作用（图7-2）。它具有天然美丽的纹理，质轻，强重比大，同时还具有优良的调温、调湿功能等特点，是一种不可多得的再生绿色资源。木材优良的加工性能主要体现在可以进行锯、刨、铣、钻、雕、车、磨等各种手工加工或机械加工，木材也可以在一定程度上被弯曲或塑造成一定的形状。但木材也有其不良的特性，如干缩湿胀性、各向异性等很容易引起家具翘曲变形。所以在家具设计时要综合考虑到其使用环境和技术水平。

家具用木材主要有板、方材。板、方材是指将原木按一定的规格和质量标准加工制成的板材和方材。其规格可参照相关国家标准和市场习惯。

由于木材资源有限，人造板材成为木材的主要替代品。利用原木、刨花、木屑、小材、废材以及其他植物纤维等为原料，经过机械或化学处理制成的一种工业板材称为人造板材。其种类很多，家具生产中常用的有胶合板、刨花板、纤维板、细木工板、空心板、层积材以及集成材等。

木质人造板既能保持天然木材的许多优点，又能克服天然木材的一些缺陷。如人造板比一般木材的幅面大，质地均匀、变形小，表面平整光洁，易于加工，而且物理、力学性能较好。经过表面装饰

图7-1 木材制作的中式古典家具

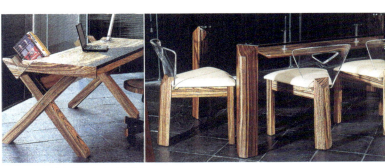

图7-2 木材制作的中式现代家具

图 7-3　人造板制作的卧室成套家具　　　　图 7-4　人造板制作的座具

图 7-5　铸铁座椅支架　　　　　　　　　　图 7-6　金属座椅

图 7-7　金属与皮革结合制作的家具　　　　图 7-8　金属与木质材料结合制作的家具

后的人造板，其外观性能堪与木材媲美，因此被广泛应用于建筑室内装修、家具制造等行业。目前，人造板已逐渐代替天然木材而成为木质家具的重要原材料（图 7-3 和图 7-4）。

（2）金属材料

金属材料成就了金属家具的简练、挺拔、理性等特有的家具艺术风格。常用的金属材料有 3 种：铸铁、钢材、轻金属合金材料。

铸铁质重性脆，无延展性，抗压强度高，抗拉强度低，较钢材更易断裂。但是铸铁有丰富的表面效果，自然朴实；抗氧化能力较强，不易锈蚀，容易铸造，价格低廉，但模具成本较高。公园与剧场中座椅的骨架大多采用铸铁来制造，办公用的转椅和医疗家具上也有用铸铁作为支撑结构的零件（图 7-5）。

与铸铁材料相比，钢材有较强的韧性、延展性，抗拉及抗压强度都较高，因而制成的家具强度大、断面小。钢材的表面经过不同的技术处理，可以加强其色泽、质地的变化，如钢管电镀后有银白而又略带寒意的光泽，减少了钢材的重量感。不同的钢材可利用不同的技术来处理其表面的色泽、质地，从而产生各种绚丽的装饰效果。长时间暴露在空中尤其是潮湿环境中的钢材表面易发生氧化，即锈蚀。通过表面处理可以改善此状况。如表面镀以不易锈蚀的材料，涂刷油漆，表面覆塑等。与铸铁材料相比，钢材具有更好的加工性能，能进行弯曲处理和锻造、冲压、焊接处理。

轻金属合金材料的特性是质轻而坚韧，强度大，富于延展性，一般具有较好的抗腐蚀性。轻金属材料的加工性能普遍较好，且加工后的表面效果丰富。如铝及铝合金型材，经过机械加工、喷砂、抛光、氧化、丝纹处理，能获得高光、亚光或无光效果，处理后的光面精致、细腻、柔和、均匀、光感反射率低，使表面光洁美观（图 7-6）。

金属制品还能和其他材料很好配合，发挥装饰效果和进行漂亮的加工。但金属的各种加工所需设备和费用比木材的花费要大（图 7-7 和图 7-8）。

（3）塑料材料

塑料是以天然或合成树脂为主要成分，适当加入填料、增塑剂、稳定剂、润滑剂、色料等添加剂，在一定温度、压力下塑制成型的高分子有机材料。塑料的种类非常多，性质与用途也各不相同。从成型性观点上考虑，大致可分为热塑性塑料和热固性塑料两大类。从使用的观点考虑可分为通用塑料、工程塑料、特种塑料和增强塑料4类。

塑料不仅具有质轻、比强度高；减摩、耐磨性能好；富有光泽，可任意着色；还具有适当的弹性和柔度，给人以柔和、亲切、安全的触觉质感。同时，塑料的导电性能差，是良好的绝缘体；塑料表面还具有耐水、耐化学腐蚀的特点。薄型塑料材料可以方便地覆贴于其他材料表面，形成装饰薄膜。塑料材料最大的缺陷是易于老化。随着时间的推移，塑料内部组成结构发生变化，产生表面龟裂、色泽暗晦、韧性降低、强度降低等变化。

塑料可塑性大，可任意成型，产品造型设计很大程度上不受形态和线型的制约，能比较自由地表达设计师的构想，产品在造型时尽量做到整体化，使其简洁流畅（图7-9）。塑料常见的成型方法有注塑成型、挤出成型、压制成型、吹塑成型、压延成型、浇注成型、滚塑成型等。塑料还便于切削、连接、表面处理等二次加工，加工成本低。

（4）玻璃和石材

玻璃的主要成分是氧化硅，一般通过熔烧硅土，加上碱而得到，其中碱是作为助熔剂，也可加入其他物质，如石灰、镁、氧化铝或加入各种金属氧化物得到不同的颜色。按玻璃的特性和用途一般可分为容器玻璃、建筑玻璃、光学玻璃、泡沫玻璃、特种玻璃等。

玻璃是一种脆性材料，抗拉强度较低，而抗压强度较高；玻璃的透光性好，化学性质较稳定，耐酸腐蚀性较高，而耐碱腐蚀性较差；玻璃的硬度较大，比一般金属硬，不能用普通刀具进行切割。

将熔融的玻璃液加工成具有一定形状、尺寸的玻璃制品需要经过一系列的加工过程，包括成型加工和二次加工。为了保证玻璃制品的强度和热稳定性等特性，还需对其进行淬火回火等热处理。玻璃成型方法主要有：压制成型、吹制成型、拉制成型和压延成型等。玻璃的二次加工有切割、钻孔、表面处理等。采用不同的加工工艺，还可以得到各种不同的玻璃制品，如中空玻璃、夹丝玻璃等。玻璃表面可进行喷砂、化学腐蚀等艺术处理，能产生透明和不透明的对比。

玻璃具有宝石般的材质感觉，清晰透明、光泽好（图7-10）。玻璃对光具有强烈的反射效应，琢磨成各种角度的玻璃棱面，能产生特殊的折光效果。如能借助现代高超的加工工艺结合木材、金属应用，玻璃家具的造型就能更具独特的艺术效果（图7-11）。

石材是一种传统天然材料。天然石材是从天然岩体中开采出来加工成型的材料总称。常见的岩石品种有花岗岩、大理石、石灰岩、石英岩和玄武岩等。

天然石材中应用最多的是大理石，它因盛产于云南大理而得名。纯大理石为白色，也称汉白玉，如在变质过程中混进其他杂质，就会出现不同的颜色与花纹、斑点。如含碳呈黑色；含氧化铁呈玫瑰色、橘红色；含氧化亚铁、铜等呈绿色等。天然石材一般硬度高，耐磨，较脆易折断和破损（图7-12）。

天然石材资源有限，加工异型制品难度大，成本高。而人造石材则较好地解决了这些问题。人造石材是利用各种有机高分子合成树脂、无机材料等通过注塑处理制成的在外观和性能上均相似于天然石材的合成高分子材料（图7-13）。根据使用原料和制造方法的不同，人造石材可以分成以下4类：树脂型人造石材、水泥型人造石材、复合型人造石材、烧结型人造石材。

图7-9 塑料家具

图 7-10　玻璃家具

图 7-11　玻璃与金属结合家具

图 7-12　天然石材家具

图 7-13　人造石样品及制作的厨柜台面

图 7-14　皮革座椅

图 7-15　织物制作的家具

图 7-16　竹藤家具

(5) 皮革和织物

家具制造中常用皮革有牛皮、羊皮、猪皮等。牛皮坚固、耐磨、厚重，羊皮则以柔软、轻盈、素雅见长，猪皮表面粗糙多孔，质地厚重。

皮革由于有毛孔存在，均具有较好的透气性。经过处理的皮革质地柔软，手感温暖、亲切，并有较好的力学性能，牢实、抗折、抗皱。皮革的弹性好，具有较强的回复性能。皮革材料一般用于软体家具表面材料或刚体家具的局部装饰处理，尤其是与人体接触的工作表面（图7-14）。皮革可进行缝接、胶接加工，以适应不同幅面大小。皮革表面可进行涂饰、磨砂、磨毛、烫花、压纹、染色等处理。

由于资源和价格的限制，真皮皮革材料在低级产品领域逐渐被各种新型人造革取代。人造革是以各种纤维织物为基材，表面覆以合成树脂制成的布基树脂复合材料。它是天然皮革的替代产品。它具有资源充足，价格低廉和表面装饰多样等特点。人造革可分为聚氯乙烯人造革和聚氨酯人造革。人造革材料具有与天然皮革相近似的物理、力学、加工性能。

除了皮革和人造革材料外，软体家具面料还可以是各类棉、毛、化纤织物或锦缎织物（图7-15）。各类织物花色品种数不胜数，质地、价格不一，任凭挑选。各种织物的原料种类与材质不同，其纤维内部构造及化学、物理力学性能也不相同。织物的外观及装饰性能比较直观，容易掌握和了解，加工方法也简便易行。

(6) 竹藤材料

竹子是禾本科常绿植物，生长期短，在我国东南各省都有生长，是一种分布地域较广的速生材。竹茎中空有节，是竹子的成材部位。我国应用竹、藤、草、柳等天然纤维编织工艺家具历史悠久，这种传统手工艺也是人类早期文化艺术史中最古老的艺术之一。今天，在高科技高技术普遍应用的现代社会，人类并没有摒弃这一古老的艺术，反之，在现代发展更日趋完美，与现代家具的工艺技术和现代材料结合在一起，竹藤家具已成为绿色家具的典范。天然纤维编织家具有造型轻巧而又独具材料肌理编织纹理的天然美，为其他材料家具所没有的特殊品质，仍然受到当代人民的喜爱，尤其是迎合了现代社会"返璞归真"的国际潮流，拥有广阔的市场。

竹藤家具主要有：竹编家具、藤编家具、柳编家具和草编家具，以及现代化学工业生产的仿真纤维材料编织家具，在品种上多以椅子、沙发、茶几、书报架、席子、屏风为多。近年来开始与金属钢管、现代布艺与纤维编织相结合，使竹藤家具更为轻巧、牢固、同时也更具现代美感（图7-16）。

7.1.2 家具的工艺设计

家具生产工艺是指使用各种工具或机械设备对各种家具材料等进行加工或表面处理，使之在几何形状、规格尺寸和物理性能等方面发生变化而成为家具零部件或组装成家具产品的全部加工方法和操作技术。工艺是设计实现的落脚点。任何造物活动都离不开造物的过程以及造物的手段，它们一起构成造物的工艺。由于受生产技术的限制，家具设计创作往往不是随心所欲的，材料、结构、生产工艺等技术条件对设计都会产生影响。

家具工艺设计是以生产的特点和类型、产品的结构设计和生产技术条件为依据，规划工艺流程、选择加工设备，确定加工方法的一系列工作。按照家具的主要原材料类型不同，家具可以分为实木家具、板式家具、软体家具、塑料家具、金属家具等几种。它们的生产工艺各有不同。

7.1.2.1 实木家具工艺设计

实木家具多是以榫结合框架为主体结构的家具类型。因而其生产主要就是各种实木零件的加工。实木零件的加工包括配料、毛料加工、胶合、净料加工等工段。通过采用合理的加工方法，在保证加工质量的前提下，最大限度地提高劳动生产率和材料利用率，从而以最低的成本和最少的劳动消耗，生产出合格的产品，是实木家具工艺设计的目的所在。实木家具生产工艺过程如图7-17所示。

木材干燥是采用热风、蒸汽对木材进行烘干处理，使木材的含水率降至15%以下。配料就是按照木家具的质量要求，将各种不同树种、不同规格的木材，锯割成符合家具规格的毛料。干燥和配料两个工段的先后顺序是可以互换的。配料时要根据家具的质量要求，构件在家具中所处的部位和作用不同，合理地确定各构件所用成材的树种、纹理、规格、含水率等技术指标。同时对

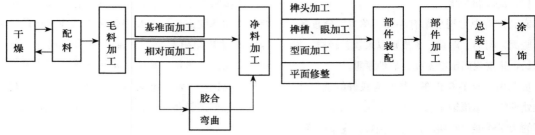

图 7-17 实木家具生产工艺过程

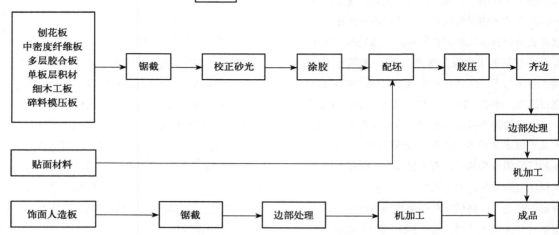

图 7-18 实心板件加工工艺过程

有缺陷的木材进行细致选择和搭配，在保证制品质量的前提下，尽可能提高木材的利用率。毛料加工主要是刨削和精裁。木材经锯割后的表面一般较粗糙且不平整，因此，必须进行刨削加工。木材经毛料加工后，可以获得尺寸和形状准确、表面平整光洁的净料。有些零件的尺寸较大，需要采用小尺寸的材料拼合而成，则将接缝处开槽、铣长条榫，或者铣"指接榫"、梳齿榫，用胶将小材拼合成大尺寸的材料。对于一些最后是弯曲形状的零件，则需要进行弯曲加工。所谓净料加工，是指对尺寸已基本合乎要求的零件进行成型加工，如将方材用车床车圆，将直方形棱角用铣床铣成圆形棱角，用钻床在需要的部位打眼，对某些局部进行雕刻等，也包括对需要与其他零件进行接合的零件进行与接合形式有关的加工，如铣榫头和开榫眼等加工。对加工好的零件进行组装、修整，最后进行表面处理，分透明涂饰和不透明涂饰等。对于总装配和涂饰两个工段的先后顺序也是可以根据家具的结构形式灵活调整的。

7.1.2.2 板式家具工艺设计

板式家具是指主要部件由各种人造板作基材的板式部件所构成，并以连接件接合方式组装而成的家具类型。其产品的构造特征是"（标准化）部件 +（五金件）接口"。一般用人造板（如中密度纤维板、刨花板、胶合板等）作为原材料。

板式家具的制作工艺就是按设计要求，先将一定规格的板材套裁成合适大小的板件，再加工出连接所需要的各种孔位，用五金件将板件拼合成家具的过程。板式家具生产工艺的重点应放在高精度标准板件的尺寸加工、高精度的标准孔加工、板件边部处理、板件表面装饰 4 个方面。

目前，板式家具所用的板式部件的种类很多，从结构上可分为实心板件和空心板件两大类。这两类都是由芯层材料（基材）和饰面（贴面或覆面）材料两部分所组成的复合材料。

（1）**实心板件加工工艺流程**（图 7-18）

根据板材加工前的初期形式或开料裁板时的表面状况，实心板件又可分为实心素面板件和实心覆面板件两种。

① 实心素面板件：是指直接采用刨花板、中密度纤维板、多层胶合板、单板层积材等各种人造板的素板，或用由实木条胶拼制成的集成材、细木工板，或用碎料模压制品等经过配制加工后制成的板

式部件,又称素面板。

② 实心覆面板件:是由实心基材和贴面材料两部分所组成的实心复合结构材料。其通常是三层或五层对称结构。

(2) **空心板件加工工艺流程**(图 7-19)

空心板是由轻质芯层材料(空心芯板)和覆面材料两部分所组成的空心复合结构材料。

在空心板中,芯层材料主要是使板材具有一定的充填厚度和支承强度。通常家具生产用空心板的芯层材料多由周边木框和空心填料组成,周边木框的材料有实木板、刨花板、中密度纤维板、多层胶合板、集成材、层积材等。空心填料的材料与形状主要有木条栅状、板条格状、薄板网状、薄板波状、纸质蜂窝状、轻木茎秆圆盘状等。

在空心板中,覆面材料既可起结构加固作用,也可起表面装饰作用。它将芯层材料纵横向联系起来并固定,使板材有足够的强度和刚度,保证板面平整充实美观,具有装饰效果。常用的覆面材料是胶合板、中密度纤维板、硬质纤维板、刨花板、装饰板、单板与薄木、多层板等硬质材料。

以上两种板件的加工工艺只是完成了板件的加工,后期要根据所选贴面材料的不同决定是否要做表面涂饰处理。

板材的校正砂光主要在"定厚砂光机"上进行,使板材厚度基本一致。板材的锯解则用裁板锯、电子开料锯等设备。贴面装饰时可选择的贴面材料有装饰纸、塑料薄膜、薄木等材料,可用覆面机械也可用手工操作。对板件四周进行封边处理,采用的设备有曲、直封边机等。

板式家具一般通过连接件将板件连接成家具整体,多数连接件的安装也需要借助大小不一的孔。所以,在板件上精确钻孔成为板式家具生产的关键工序,也是机加工的主要内容。为保证孔位的精度,板式家具的钻孔常在"排钻"上进行。排钻是一系列钻头安装在同一直线上的钻孔机,钻头间中心间距为32mm。按照排钻机上钻头的排数,有单排钻、双排钻、三排钻、多排钻之分。将需要钻孔的部位安装上钻头,一次加工便可得到一系列的孔,如果是多排钻的话,则可在板件的任意位置甚至板件的6个面上同时钻孔,由于钻孔是在机械上一次完成的,只要加工机械的精度能保证,则孔位是精确的,这为后续安装、顾客的自装配提供了必要的安装条件。

7.1.2.3 软体家具工艺设计

软体家具主要指用织物、皮革、海绵、羽绒、棉花、软质合成纤维等材料制成的像沙发、座椅、床垫等类型的家具。

当代软体家具制造工艺有多种,视家具品种和使用的材料类型而定。如用弹簧或弹簧+海绵为软体材料的制作工艺不同于单纯用海绵为软体材料的制作工艺,床垫制作已区别于沙发制作并成为一种专门技术。

单纯用海绵作为软体材料的软体家具制作的工艺流程如图 7-20 所示。

用木框架或其他类型的框架塑造家具的大体形象,并充分考虑家具的受力情况,使支撑部位、受力较大的部位均有框架承担。按照设计的形状要求和尺寸要求裁剪海绵,并通过修切、粘贴等手段对海绵的形状进行精确修整,用胶黏剂将海绵固定在框架上或者直接将海绵铺放在框架上。设计面料的组合方式并裁剪面料,按软体部位将面料缝接成整体。将面料固定在框架上,最后的收口处理应选择在使用时的不可见部位(如沙发的后背部)或次要部位。

单纯以海绵为软体材料的软体家具制作,也可以采用"积木"式构造,即用面料将海绵包覆成

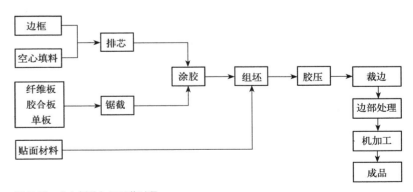

图 7-19 空心板件加工工艺过程

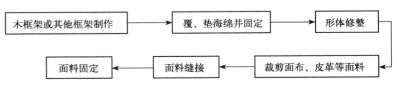

图 7-20 海绵为软体材料的家具制作工艺流程

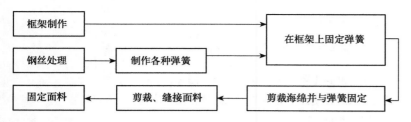

图 7-21　弹簧和海绵相结合制作软体家具的工艺流程

一个个单独的软体，再用布绳（带）、尼龙绳（带）等将这些软垫固定在框架上。

弹簧与海绵相结合的软体家具制作是一种经典传统的工艺类型。其制作工艺流程如图 7-21 所示。

7.2　家具的结构设计

结构是指产品或物体各元素之间的构成方式与接合方式，它是依据一定的使用功能而组成的一种结构系统。结构设计就是在制作产品前，预先规划、确定或选择连接方式、构成形式，并用适当的方式表达出来的全过程。

家具结构设计的目的是将组成家具的所有零部件采用科学合理、美观、现实可行的形式连接在一起，并能保证家具的使用功能、强度稳定性和家具造型的美观。家具产品通常都是由若干个零、部件按照功能与构图要求，通过一定的接合方式，组装构成的。家具产品的接合方式多种多样，且各有优势和缺陷。零部件接合方式的合理与否，将直接影响到产品的强度、稳定性，实现产品的难易程度（加工工艺），以及产品的外在形式（造型）。产品的零部件需要用原材料制作，而材料的差异将导致连接方式的不同。由于使用者的爱好不同，家具产品具有各种不同的风格类型。不同类型的产品有不同的连接、构成方式；相同的产品，也可采用不同的连接方式，它取决于材料的变化和科学技术的发展。

结构会以一定的外观形式表现出来。胶接可以使两个零件结合得天衣无缝，绑接可以使零件间错综复杂，连接件可以任意地将两个本不相关的零件按照设计者的意愿结合在一起。于是便有了有机的结构、动感的结构、力度感的结构、韵律感的结构等丰富的表现形式。

7.2.1　家具结构设计的原则

和家具材料选择与工艺规划一样，家具结构设计是整个家具技术设计工作的重要组成部分之一，也必须是在保证符合整体设计思想的前提下进行。因此，家具结构设计应遵循如下基本原则：

（1）材料性原则

结构设计离不开材料的性能，对材料性能的理解是家具结构设计所必备的基础。材料不同，其材料的构成元素、组织结构也不相同，材料的物理、力学性能和加工性能就会有很大的差异，零件之间的接合方式也就表现出各自的特征。实木家具的构成形式为框架结构、榫卯接合，其合理性在于框架可以由线型构件构成。这是由于木材的干缩湿胀特性使得实木板状构件难以驾驭的缘故。至于榫卯接合方式也是由于木材的组织构造和黏弹性性能所提供的条件。人造板尽管克服了木材各向异性的缺陷，但由于在制造过程中（尤其是纤维板、刨花板），木材的自然结构已被破坏，许多力学性能指标（抗弯强度最为明显）大为降低，因而榫卯结构对人造板来说无法使用。但人造板幅面尺寸稳定的优点为板式家具的连接开辟了新的途径，采用圆孔连接方式是板式家具连接的最佳方法。所以现代家具的结构，木家具以榫卯接合为主，板式家具则以连接件接合为主，金属家具以焊接、铆接为主，竹藤家具以编织、捆绑为主，塑料家具以浇铸、铆接为主，玻璃家具以胶接为主。根据家具材料，选择、确定接合方式，是结构设计的有效途径。

（2）稳定性原则

家具结构设计的主要任务是保证产品在使用过程中牢固稳定。家具的属性之一是使用功能。各种类型的产品在使用过程中，都会受到外力的作用。如果产品不能克服外力的干扰保持其稳定性，就会丧失其基本功能。家具结构设计的主要任务就是要根据产品的受力特征，运用力学原理，合理构建产品的支撑体系，保证产品的正常使用。

（3）工艺性原则

加工设备、加工方法是家具产品的技术保障。零部件的生产不仅是形的加工，更重要的是接口的加工。接口加工的精度、经济性直接决定了产品的质量和成本。因此，在进行产品的结构设计时，应根据产品的风格、档次和企业的生产条件合理确定接合方式。例如，木质家具在工业革命以前，只能采用榫接合；自从蒸汽技术运用于家具生产后，零部件可以一次成型。不仅简化了接合方式，而且使产品的造型流畅、简约。板式家具，由于设备的加工精度高，因而可以采用拆装结构。且圆孔加工是用钻头间距为32mm的排钻加工的，所以板式家具的接口能应用32mm系统的标准接口。

（4）装饰性原则

家具不仅是一种简单的功能性物质产品，而且是一种广为普及的大众艺术品。家具的装饰性不只是由产品的外部形态表现，更主要的是由其内部结构所决定。因为家具产品的形态（风格）是由产品的结构和接合方式所赋予的。例如，榫卯接合的框式家具充分体现了线的装饰艺术；五金连接件接合的板式家具，则在面、体之间变化。再者，连接方式的接口（各种榫、五金连接件等），本身就是一种装饰件。藏式接口（包括暗铰链、暗榫）外表不可见，使产品更加简洁；接口外露（合页、玻璃门铰、脚轮等连接件、明榫），不仅具有相应的功能，而且可以起到点缀的作用，尤其是明榫能使产品具有自然天成的乡村田野风格（图7-22）。

结构设计是产品造型和工艺的联系纽带，它既是产品外形的内在骨架又是产品工艺生产的灵魂所在。一个合理而又简洁的产品结构设计能为产品的批量生产创造有利的条件，而一个高效合理的生产工艺流程设计又能有效地降低产品的生产成本，为产品最终能够立足市场，并且受到消费者的青睐，给予有力的支持。总的说来，家具结构不是天生就有的，而是人们思维活动的结晶。家具结构也没有固定的模式，设计师可以根据自身设计的需要对家具结构进行设计。

7.2.2 实木框式家具结构

实木家具一般采用框式结构，是以榫接合为主要特征，木方通过榫接合构成承重框架，围合的板件附设于框架之上的木质家具。在实木家具中，方料框架为主体构件，板件只起围合空间或分隔空间的作用。传统实木家具为整体式（不可拆）结构；现代实木家具既有整体式，又有拆装式结构。榫接合是通过榫头压入榫眼或榫槽的接合方式。这里只介绍榫卯结构，连接件结构将在板式家具中介绍。

图 7-22　榫结合外露形成的结构装饰

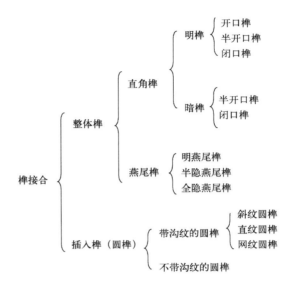

图 7-23　榫接合类型

图 7-24　榫头形状

7.2.2.1 榫接合类型

榫接合有多种类型，分类方式不同，其表现形式也不相同。榫接合类型如图 7-23 所示。

按榫头与方料的关系分：整体榫、插入榫。整体榫是直接在方材零件上加工而成的；而插入榫与零件是分离的，常用的插入榫为圆榫。按榫头的形状又分：直角榫、燕尾榫、圆榫（图 7-24）。

按榫头的数目分：单榫、双榫、多榫。如图 7-25 所示。

按榫头与榫眼、榫槽接合形式分：明榫、暗榫；开口榫、半开口榫、闭口榫，如图 7-26 所示。

7.2.2.2 榫接合技术要求

(1) 方榫接合的技术要求

为了使榫接合紧密牢固，同时又使得加工、装配方便，方榫接合的榫头长度和榫眼长度均应与木材纤维方向一致。榫、眼之间的配合则应是：榫头宽度与榫眼长度为过盈配合，即榫头宽度比榫眼长度大 0.5～1mm；榫头厚度与榫眼宽度为间隙配合，间隙量为 0.1～0.2mm；榫头长度与榫眼深度配合时要根据接合形式而定，对于明榫，榫头长度一般要略大于榫眼深度（约 3～5mm），以便接合后刨平；对于暗榫，榫头长度不应小于榫眼零件厚度的 1/2，暗榫榫头与榫眼配合时，两者之间一般有 2mm 左右的间隙，既可避免因榫头加工不精确或涂胶过多而顶住榫眼底部以致使榫肩与方材间形成缝隙，又可以贮存少量胶液，增加胶合强度。榫头厚度（或宽度）通常为方材厚度（宽度）的 1/3～2/5，当榫头厚度（宽度）大于 40mm 时应改为双榫。由于榫接合采用基孔制原则，在确定榫头厚度时应将其计算值调整到与方套钻规格相符的尺寸。

(2) 圆榫接合的技术要求

圆榫是现在较常见的插入榫，主要用于板式家具部件之间的接合与定位，也可用于实木框架的接合。作为独立榫，用于制作圆榫的材质应选用密度大、无节无朽、纹理通直，具有中等硬度和材性的木材，一般用青冈栎、柞木、水曲柳等。圆榫含水率比家具用材低 2%～3%，以便施胶后，圆榫吸水而润胀，增加接合强度。圆榫规格现在广泛采用 $\phi 6 \times 32$、$\phi 8 \times 32$、$\phi 10 \times 32$ 这 3 种。圆榫与圆孔长度方向的配合应为间隙配合，即圆孔深度大于圆榫长度，间隙大小为 0.5～1.5mm；榫、孔的径向配合应为过盈配合，过盈量为 0.1～0.2mm。

7.2.2.3 实木家具典型部位常用连接方式

(1) 框架结构

框架是框式家具的基本结构部件，也是框式家具的受力构件。框架的结合方式，根据方材断面及所用部位的不同，采用直角结合、斜角结合和中档结合等多种形式。如图 7-27、图 7-28 所示。

图 7-25 榫头数目

图 7-26 榫头明暗

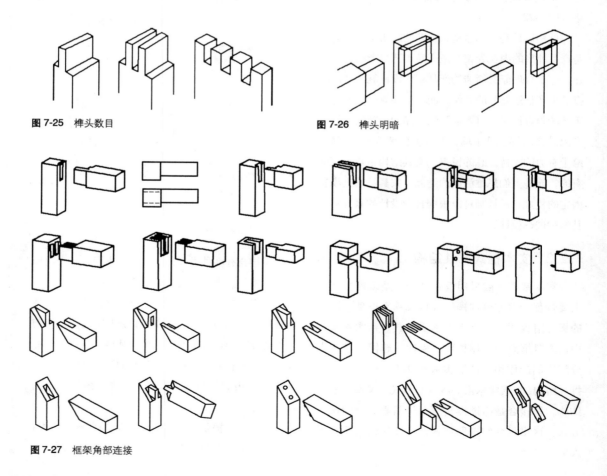

图 7-27 框架角部连接

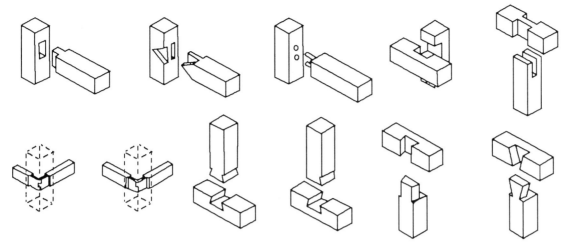

图 7-28 框架中部连接

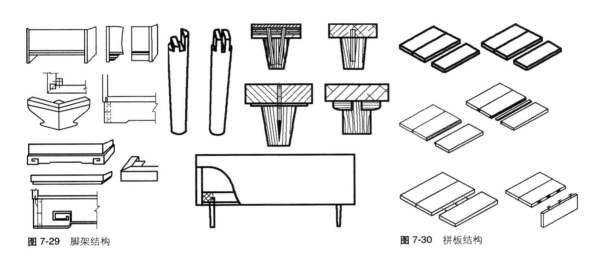

图 7-29 脚架结构

图 7-30 拼板结构

（2）脚架结构

框式家具的脚架结构常见的有包脚型、塞脚型、装脚型以及旁板落地底座等类型，如图 7-29 所示。

（3）拼板结构

采用特定的结构形式将较窄的实木板拼合成所需宽度的板材称为拼板。它常见于实木台面板，实木门板和椅座面板等处。为了避免和减小拼板的收缩量和翘曲量，窄板的宽度应有所限制。有些工厂规定，当板宽超过 200mm 时，应锯成两块使用。采用拼板结构，除了限制板块的宽度外，同一拼板零件中的树种和含水率也应一致，以保持形状稳定。

常见拼板结构有：平板、斜口拼、裁口拼、凹凸拼、齿形拼、圆榫拼、方榫拼、穿条拼、穿带拼、竹梢拼、暗螺钉拼、明螺钉拼、木销拼、螺栓拼（图 7-30）。

（4）嵌板结构

嵌板结构是将板块嵌入木框中间，起封闭与隔离作用的结构形式，不仅可以节约木材，同时也比整体采用方材拼接稳定，不易变形（图 7-31）。

（5）箱框结构

箱框是由 4 块以上的板材构成的框体或箱体，如老式衣箱、抽屉等。常用直角多榫、燕尾榫等进行结合（图 7-32）。

7.2.3 板式家具结构

板式家具是指以人造板为基材，以板件为主体，采用专用五金连接件或圆榫连接装配而成的家具。根据不同的连接方式，板式家具又可分为可拆装式与非拆装式两类。若产品为整体结构则以插

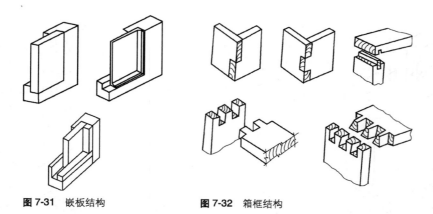

图 7-31　嵌板结构　　　　图 7-32　箱框结构　　　　图 7-33　空心板结构

入榫——圆榫以及钉结合为佳。若产品为拆装结构，则用五金连接件结合。现代五金连接件的种类繁多，现已超过万种，家具五金连接件主要有九大类：锁、连接件、滑道、位置保持装置、高度调整装置、支承件、拉手和脚轮。在家具设计过程中，应根据板件连接需要进行合理选择。从纯结构的角度，常用五金件主要有紧固件、活动件和支承件等。板件的连接方式最终应视板件结构、产品结构、加工设备与工艺等综合因素而定。

7.2.3.1　板式部件结构

板式部件一般是以人造板为基材，表面进行覆面装饰的构件。板式家具的主要基材有：中密度纤维板、刨花板、胶合板、细木工板、指接板等。板式部件的形式一般可分为两种：实心板、空心板。实心板主要以中纤板和刨花板为芯板，表面饰贴装饰材料，如薄木、木纹纸、PVC、防火板、转印膜等。空心板根据芯板的结构不同，可分为栅状空心板、格状空心板、网状空心板、蜂窝空心板等（图7-33）。

7.2.3.2　板式家具连接方式

（1）板式家具紧固连接

紧固连接是利用紧固件（结构连接件）将两个零部件连接后，形成紧固接合，接合后两部件间没有相对运动。家具部件之间的接合绝大多数为这种形式，如柜类及桌类的旁板与顶板、底板接合等。固定连接的方法主要有不可拆连接及可拆装连接、定位等几大类。不可拆连接结构主要是用圆钉、木螺钉、气钉等连接件钉入零件之中固接，所以一般装好后不可拆卸。

目前用于拆装连接结构的连接件种类很多，广泛用于两木质零部件之间的垂直连接，可多次拆装，使用方便、快捷。常用的拆装连接方式有：偏心连接件、圆柱螺母连接件、直角件连接等。

① 偏心式连接：此种连接方式的接合原理是利用偏心螺母（偏心轮）结构将另一板件的连接端部拉紧，从而把两板连接在一起，它用于两相互垂直板件的连接（图7-34）。偏心连接件一般由偏心轮、拉杆、预埋件3部分组成。若拉杆为双向，则无需预埋件。快装式偏心连接件将预埋件和拉杆合成一体。偏心轮直径有$\phi15$、$\phi12$、$\phi10$等多种规格，常用的为$\phi15$。拉杆的长度规格很多，应根据连接需要合理选择，其有效长度决定了偏心轮中心至板边的距离。预埋件通常为一倒刺式塑料螺母，规格为$\phi10\times13$。常用于木制品板件直角接合，拆装方便灵活，有较大的结合强度，且隐藏式装配，不影响外观，但装配孔加工较复杂、精度要求高。

② 圆柱螺母连接件：它由长螺栓及圆柱螺母两部分组成，使用时，先在一板件上钻出螺栓通孔，另一板件表面及端面相应位置钻孔，安装圆柱螺母，长螺栓穿过两工件旋入圆柱螺母内形成接合（图7-35）。这种接合方式承载能力、接合强度、接合稳定性均高于偏心件和直角件，但螺栓头外露，影响美观，常用于书柜、文件柜、电脑桌、仪器工作台等稳定性要求高、承载大的家具。

③ 直角件接合：由直角件、螺杆及倒刺螺母三件套组成，价格低廉，规格有大小两种。接合时，先将倒刺螺母、直角件预埋在两板件上，然后将螺

图 7-34 偏心件连接　　图 7-35 圆柱螺母连接件　　图 7-36 直角件接合

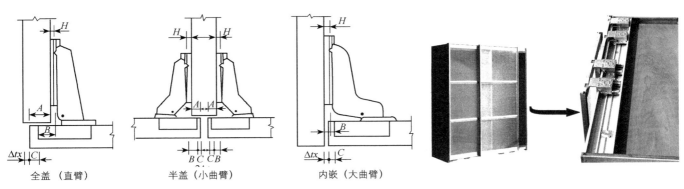

图 7-37 暗铰链 3 种安装方式　　图 7-38 重型滑动门上滑动系统

杆通过直角件旋入倒刺螺母即可（图 7-36）。这种连接件成本较低，且板件都为表面钻孔，无需端面钻孔，所以打孔难度较低，易于加工。但直角件位于板面之上，给运输及包装带来不便，且影响美观，常用于各种低档柜类的板件连接。

在板式家具结构中，还用到许多其他拆装件实现工件间接合，如四合一重载连连接件、层板托、层板夹、背板扣、床梃铰等。

(2) 板式家具活动连接

所谓活动连接是指利用连接件将两零部件连接后，可以产生相对位移的连接。常用的连接件有铰链、趟门滑道、抽屉滑道等。

① 铰链连接门板与旁板：门板与旁板的连接以铰链中的暗铰链为主，也可以通过合页连接。常用的暗铰链有直臂、小曲臂和大曲臂之分（图 7-37），分别适用于全盖门、半盖门和嵌门，以 35mm 杯径产品为主，开启角度为 90°～180°。

② 滑道连接门板与顶板、底板。家具的门，除采用转动开启方式外，还可用平移滑动方式开启：滑动门可以采用滑轨式滑动（用于轻型门）或辊轮式滑动（用于重型门），其在柜体上的安装可采用专用的滑道系统。这种滑道系统有上滑动和下滑动之分，上滑动系统即在柜的顶板上安装滑动槽，在下面的底板上安装导向槽；而下滑道正好与之相反。滑动槽和导向槽的材料通常为塑料和铝合金，其摩擦力越小越好，以便使门扇能轻便地滑动。通常，可以根据不同的柜脚设计、不同门的形式选择不同型号的滑道系统，以便与家具的整体造型协调。一般重型滑动门采用上滑动系统，同时还应安装刹车及止位装置（图 7-38）。

③ 抽屉与柜体的连接：抽屉是贮藏家具中十分常见的部件之一，抽屉与柜体旁板的连接，一般采用各种抽屉滑道（图 7-39）。根据滑动方式的不同，抽屉滑道可分为滑轮式和滚珠式；根据安装方式的不同，又可分为托底式，中嵌式；根据抽屉拉出柜体的多少，又可分为单节道轨、双节道轨、三节道轨等。

(3) 位置保持装置

家具上还经常出现围绕水平轴线转动实现开合的门，称为翻板门。翻门能使垂直的门页转动到水平位置，打开时可以充分展示柜内空间，常用在多功能家具中，如可以利用打开的翻门作为陈设物品、梳妆或写字台面用。翻门的转动结构与开门相似，门板多固定在顶板、搁板或底板上，沿水平轴

图 7-39　抽屉滑道

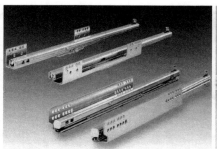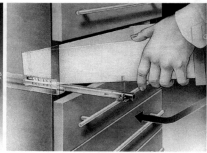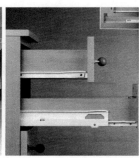

图 7-40　翻门定位装置

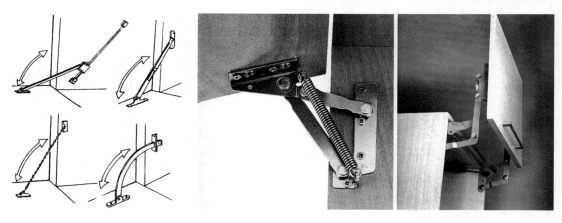

线向下或向上翻转开启，其与柜体的连接可用普通铰链，也可用专用的翻门铰链。为了确保翻门打开时的可靠性，即它经受载荷的能力，必须安装定位装置（图 7-40）。如下翻门，为防止其突然向下开启，可安装翻板吊撑、液压支撑或气动阻尼刹车筒使翻门慢慢的开启到水平位置。它们通常一端固定在柜旁板上，另一端固定在翻门里侧。上翻门则需要用机械或气动高度定位装置保持打开后的高度。另外还有专用的垂直升降门支撑等，可以变换出多种新式翻板门。

7.2.3.3　板式家具32mm系统

板式家具摒弃了框式家具中复杂的榫卯结构，而寻求新的更为简便的接合方式，采用现代家具五金件与圆榫连接。而安装五金件与圆榫所必需的圆孔由钻头间距为 32mm 的排钻加工完成。为获得良好的连接，"32mm 系统"就此在实践中诞生了，并成为世界板式家具的通用体系，现代板式家具结构设计被要求按"32mm 系统"规范执行。

所谓 32mm 系统，是一种以模数组合理论为依据，以 32mm 为模数，通过模数化、标准化的"接口"来构成板式家具结构设计的方法；是一种采用工业标准板材和标准钻孔方式来组成家具的手段；同时，也是一种加工精度要求非常高的家具制造系统。以这个制造体系的标准化部件为基本单元，既可以组装为采用圆榫胶接的固定式家具，也可以使用各类现代五金件连接成拆装式家具。简单地说，"32mm"一词是指板件上前后、上下两孔之间的距离是 32mm 或 32mm 的整数倍。

(1) 32mm 系统的特点

32mm 系统的主要作用是在板式家具的结构、加工设备、五金配件等因素之间协调系列数值的相互关系。32mm 系统实际上包括两个方面的内容：一个是设计系统，另一个是制造与装配系统。主要是针对大批量生产的柜类家具进行的模数化设计，即以旁板为骨架，钻上成排的孔，用于安装门、抽屉、搁板等。这种家具的模数化扩展到生产设备、五金及其他家具种类上，促成了 32mm 系统的进一步完善和发展，形成了国际上公认的设计规范。

32mm 系统作为家具工业化设计与制造的标志，在设计与制造过程中引进了标准化、通用化、系列化，实现"板件即是产品"，将传统的家具设计与制造引入到了一个新的境地，摆脱了传统的手工业作坊和熟练木工。在生产上，因采用标准化生产，可以降低成本，便于质量控制，且提高了加工精度及生产率；在包装贮运上，采用板件包装堆放，有效地利用了贮运空间,减少了破损、难以搬运等麻烦。同时,它使家具的多功能组合变化成为可能。用户可以通过购买不同的板件,而自行组装成不同款式的家具,用户不仅仅是消费者,同时也参与设计。

(2) 32mm 系统的设计准则

32mm 系统主要应用于柜类家具的结构设计,其中又以旁板的设计为核心。旁板是家具中最主要的骨架部件,板式家具尤其是柜类家具中几乎所有的零部件都要与旁板发生关系,如顶板(面板)、底板、搁板要与旁板连接,背板要插入或钉在旁板后侧,门的一边要与旁板相连,抽屉的导轨要装在旁板上等。因此,32mm 系统中最重要的钻孔设计与加工,也都集中在旁板上,旁板上孔的位置确定以后,其他部件的相对位置也就基本确定了。可见旁板的设计在 32mm 系统家具设计中至关重要。

在 32mm 系统中,旁板前后两侧各设有一根钻孔主轴线,轴线按 32mm 的间隔等分,每个等分点都可以用来预钻安装孔。旁板上的预钻孔包括结构孔和系统孔,两者应分别处在各自的 32mm 系统网格内,即系统孔之间的距离要保持为 32mm 的整数倍,结构孔之间的距离也要保持为 32mm 的整数倍。由于两者作用不同应分别安排,没有相互制约的关系,也就是说结构孔与系统孔并非一定在同一 32mm 系统网格内。一般结构孔设在水平坐标上,系统孔设在垂直坐标上。这两类孔的布局是否合理,是 32mm 系统成败的关键。

① 系统孔:系统孔一般设在垂直坐标上,分别位于旁板前沿和后沿(如图 7-41 所示),是装配门、抽屉、搁板等所必需的安装孔,主要用于铰链、抽屉滑道、搁板撑等的安装。通用系统孔的主轴线分别设在旁板的前后两侧,前侧为基准主轴线。对于盖门,前侧主轴线到旁板前侧边的距离(K)应为 37(或 28)mm;对于嵌门,则该距离应为 37(或 28)mm 加上门板的厚度。后轴线也同原理计算。前后轴线之间及其辅助线之间均应保持32mm 整数倍距离。通用系统孔孔径为 5mm,孔深度规定为 13mm,当系统孔用作结构孔时,其孔径根据选用的配件要求而定,一般常为 5mm、8mm、10mm、15mm、25mm 等。

② 结构孔:结构孔设在水平坐标上,是形成柜体框架所必不可少的接合孔,位于旁板两端以及中间位置,主要用于各种连接件的安装和连接水平结构板如顶板、底板、中搁板等。上沿第一排结构孔与板端的距离及孔径根据板件的结构形式与选用配件具体确定。

32mm 系统的设计方法彻底改变了传统的单套、单件设计方式,使设计师从繁重而缺少创意的工作中解脱出来,集中精力于开发个别部件设计元素,从而保持了设计风格的延续与扩展;它以标准的零部件组织生产,保证生产的连续性,充分利用资源;它还改变了现有的销售方式,系列的部件即是产品,给用户以选择的自由、组合变化的自由,这正符合了现代工业设计的本质。综上所述,32mm 系统的精髓便是建立在模数化基础上的零部件的标准化,在设计时不是针对一个产品而是考虑一个系列,其中的系列部件因模数关系而相互关联;其核心是旁板、门和抽屉的标准化、系列化。

7.2.4 软体家具结构

软体家具近年来在我国发展很快,遍及人们工作、生活的各个领域和场所,已成为家具产品中的重要成员。凡坐卧类家具与人体接触的部位由软体材料(软质材料)所构成的家具均称为软体家具。软体家具包括沙发、软椅、床垫(充水床垫)、软座垫等。软体家具除含有软体部分外,多数还有支持软体的支架。软床垫、软座垫则无需支架。

传统沙发主要由支架和软体结构两部分组成(图 7-42)。支架一般由木质材料构成,主要采用明榫接合、螺钉接合、圆钉接合、连接件接合等。为了保证沙发的使用效果和寿命,支架的用材要具有较高的强度和握钉力;除扶手、脚型等露在外面的构件之外,其他构件的加工精度要求不高。软体

图 7-41 柜类家具旁板 32mm 系统的系统孔与结构孔

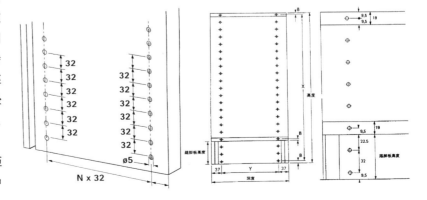

图 7-42　传统沙发结构

图 7-43　现代沙发结构

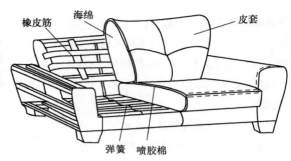

图 7-44　弹簧床与床垫结构

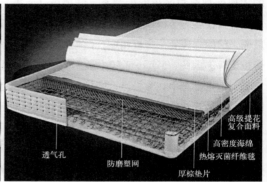

结构由螺旋弹簧、蛇簧、泡沫塑料、衬布、填料和面料等组成。螺旋弹簧下部缝连或钉固于支架底托上，上部用绷绳绷扎连接并固定于木架上，使其能弹性变形而又不偏倒；在绷扎好的弹簧上面先覆盖固定头层麻布，再铺垫棕丝，然后覆盖固定二层麻布，再铺少量棕丝后包覆泡沫塑料或棉花，最后蒙上表层面料。

现代沙发是相对于传统沙发而言的，与传统沙发相比较，现代沙发在材料上以泡沫塑料为主，在工艺上先成批预制后组装配套为主，在结构上以悬吊或悬浮的形式为主，在造型上以曲线为主（图7-43）。

现代沙发的框架或基座有构架式、箱体式、柱脚式。制作框架或基座的材料有木材、钢材、塑料等。不同的材料有不同的制作工艺。木框架的制作工艺与传统沙发基本相同，只是更为简单，木材显露的部分也较多，要求加工更为精细，充分显示木材的自然美。

现代沙发除了较少情况下采用传统的方法拴接弹簧组合体支承软垫外，更多的都是用简易的方法以悬吊的形式支承软垫。常用的方式有：拉簧支承、橡皮绳支承、蛇簧支承、弹性橡胶带支承等。

软体家具中的另一大类——床垫，一般是指弹簧软床垫，100多年前起源于美国。弹簧软床垫的内部结构主要有弹簧钢芯和外层软包材料（图7-44）。弹簧钢芯（内胆）由各式弹簧结构组成，外层软包材料则由塑料平网、各类毡料（麻毡、棉毡、椰棕垫料等）和缝纫面料组成。而缝纫面料又是由无纺布、海绵、面料等缝纫而成的。弹簧床垫的特点是弹性足、弹力持久、透气性好与人体曲线有较好的吻合，使人体的骨骼、肌肉能处于松弛状态，而得到充分的休息。

7.3　家具的用料与成本

家具的经济评估即对所设计的家具进行成本核算、质量评估与经济分析，以求在不影响质量的前提下尽量降低成本，提高企业的经济效益。

7.3.1　家具用材的计算

（1）木材用量计算

进行木材耗用量计算时，不论是按照精确的生产计划还是折算的生产计划,都要计算所有制品的木材消耗用量。由于木制零件数量多且规格复杂,一般以表格的形式进行统计计算,如表 7-1 所示。

(2)人造板用量计算

根据板件厚度先进行分类,然后计算各自的面积,再考虑其出材率即可。也可以根据开料图进行计算。为了合理用材,严格控制单位产品的用材量,很多单位会通过制定原材料消耗定额来提高出材率,并以此为依据进行产品用材的统计。原材料消耗定额单如表 7-2 所示。

(3)其他材料的计算

其他材料主要是指家具表面装饰材料、连接件、胶料、涂料、封边材料、玻璃镜面和各种配件等。计算时,先根据结构装配图来确定材料的数量,或确定一件制品或零件的涂胶和涂饰面积。再按产量计算每批的需求量或全年的需求量。计算过程中应适当考虑留有余量和报废率,然后列表说明。

表 7-1 下料单

型号: 等级名称: 规格: 生产数量:

树种	零部件名称	净料规格(mm)			要求	单位数量	净料材积(m³)	毛料规格(mm)			毛料材积(m³)	备注
		长	宽	厚				长	宽	厚		
毛料出材率:					单位产品合计材积净料:							
要点:												
填制:		校对:			审核:				×××公司			

表 7-2 原材料消耗定额单

产品型号: 生产批次:
产品名称: 原材料规格: 生产数量:

序号	原材料名称	规格型号	单位	数量(定额)	等级	用途	备注
一	原料						
1	订制板						
2	刨花板						
3	中密度纤维板						
二	材料						
1	热熔胶						
2	乳白胶						
3	配件类						
4	圆榫						
要点:							
填制:		校对:		审核:		×××公司	

7.3.2 家具的成本核算

家具产品成本是指企业在某一时期内为生产家具而发生的各种消耗与支出的各种费用。产品的制造成本由于在短期内集中支出，并体现在产品价格中，容易被人们重视，而在使用中的人工、能源、维修等耗费虽然远高于制造成本，由于分散支出容易被忽视。企业生产经营中发生的全部费用可分为直接费用、间接费用和期间费用。

(1) 直接费用

直接费用是指直接为生产商品和提供劳务等发生的各项费用。主要有以下几方面：

① 为制作家具而耗用的各种原材料、辅助材料和外购半成品。原材料有锯材、人造板、石材、软质材料等；辅助材料有铰链、拉手、胶黏剂、涂料等；外购件有座面板、脚架、装饰条、弯曲成型件等。

② 为生产家具而耗用的燃料动力。如锯材干燥、木材蒸煮、漂白等工艺所消耗的燃料及各种机床所耗用的动力。

③ 生产工人的工资、奖金、津贴、补贴和福利等。

④ 产品包装费用，如包装纸箱、纤维织品、包装绳以及商标和生产技术资料等。

(2) 间接费用

间接费用是指应由产品成本负担，但不能直接计入各产品成本的有关费用，即工业企业生产过程中发生的制造费用。主要包括：

① 管理人员的工资、奖金、福利、办公费用等。

② 生产车间、办公用房、仓库及机械设备等的折旧费、修理费。

③ 低值易耗品摊销费用（如砂带纸、棉纱、刀具、手工工具等）和产品检验费用。

④ 季节性及设备处理期间的停工、误工费用等。

(3) 期间费用

期间费用只与企业当期实现收入有关，必须从当期营业收入中得到补偿。工业企业的期间费用包括企业行政管理部门为组织和管理生产经营活动而发生的管理费用、财务费用，以及为销售和提供劳务而发生的销售费用等。如家具销售的场地费用、广告费用、运杂费用、保险金、展览费用等。

7.3.3 家具企业降低成本的途径

成本的高低与产品的功能两者关系十分密切。这里说的降低产品成本是以不改变产品功能为前提的。如果降低产品成本要以减少产品功能为代价，那将毫无意义。降低家具成本可以从两个方面入手，一是直接降低成本，二是间接降低成本。

(1) 直接降低成本

材料构成产品的实体，是进行生产建设的物质基础。因此，当正确选定材料以后，如何减少消耗，合理利用，使有限的材料能充分地发挥作用，对于提高产品的经济性和企业的经济效益，具有重要的意义。节约原材料的具体措施是多方面的，可以从以下几方面进行：

① 合理选择和分配原材料，广泛采用代用品和新型原材料。

② 对原材料进行预处理。从林产工业中取得的原材料，在投入生产前，进行精选、分类，去杂提纯，制成精料，这不仅可以减少原材料消耗，并为提高产品质量、设备利用率和劳动生产率创造条件，还可以利用原先难以利用的原料，从而扩大了原材料的资源。

③ 采用先进的工艺和设备。在生产过程中采用先进的工艺和技术设备，可以大幅度降低原材料消耗定额，减少原材料的总消耗。

④ 提高产品质量和废旧物质的回收利用。提高产品质量延长产品使用寿命，是对原材料的最大节约。另外，一些工业部门的产品，在已作为生产资料和个人消费品使用之后，还可回收重新作为本部门或其他部门的原料投入生产。随着生产的发展和人民生活的提高，废料的种类和数量也会相应地增高，并且随生产技术的发展也为利用废料提供越来越广泛的可能性。

(2) 间接降低成本

在我国的工业产品中，大多数产品的原材料和辅助材料费用约占总成本的60%~70%，比国外约高1/3，木材利用率一般只有60%，而国外通常可达80%。这表明在工业生产过程中，通过减少材料消耗来提高经济效益，存在着很大的潜力。合理利用材料的具体方法，因材料、工艺、产品等不同而不同。归纳起来有以下两个方面：

① 从设计上改进产品结构：不断改进产品的结

构设计，在保证产品应有性能和质量的前提下，减少零部件的数量或零部件的材料消耗，是减少材料消耗的首要途径。因为能否以最低的消耗生产出符合要求的产品，设计总是起决定作用的。所以，在设计阶段不仅要考虑产品的性能质量，还要考虑产品所用的材料、工艺、装备和成本，达到以最低的消耗生产出符合要求的产品的目的。

② 改进工艺方法，减少原材料的消耗：不断改进工艺方法，减少各种原材料的消耗，是节约和合理使用材料的主要途径。因为材料总是通过工艺过程被加工或转移成产品的，所以，工艺方法的先进与落后，同材料消耗的多少有着密切的关系。要达到改进工艺方法、减少材料消耗的目的，对工业企业来说，就要重视技术进步，运用各种新的技术成果，不断改善工艺条件采用新的工艺方案。改进工艺、节约材料的具体方法，首先要采用和推广各种省料的加工工艺；其次，对某些工艺或配方进行优选，也是一种减少生产过程中材料消耗的最简单易行的有效方法。另外，也可通过减少产品加工余量，来达到减少原材料消耗的目的。

思考题

1. 家具技术设计的主要内容有哪些？
2. 家具材料选择的基本原则有哪些？
3. 试简述各类家具的加工工艺流程的区别。
4. 家具结构设计的原则有哪些？
5. 榫接合的种类与技术要求有哪些？
6. 板式家具的部件结构与连接方式有哪些？
7. 32mm 系统的含义及设计要点有哪些？
8. 家具成本由哪些要素构成，降低家具成本的途径有哪些？

第 8 章
家具装饰设计

8.1 家具装饰概述
8.2 功能性装饰
8.3 艺术性装饰
8.4 其他装饰
8.5 家具装饰要素

8.1 家具装饰概述

8.1.1 家具装饰的概念

家具装饰就是对家具形体表面的美化。一般说来，由功能所决定的家具形体是家具造型的主要方面，而表面装饰则从属于形体，附着于形体之上，但家具表面装饰也绝非可有可无。对于传统家具装饰十分重要，对于现代家具也是如此，只是装饰的形式不同而已。好的装饰能加强对产品的印象，增强产品的美感。在同一形式同一规格的家具上可以进行不同的装饰，从而丰富产品的花色品种。但是不论采用何种装饰都必须与家具形体有机地结合，不能破坏家具的整体形象。

8.1.2 家具装饰的方法

家具装饰可简可繁、形式多样。在装饰手段上有手工的方式，也有机械的方式；在用料上有的用自然材料，有的用人造材料。有的装饰与功能零部件的生产同时进行，有的则附加于功能部件的表面之上。家具的装饰方法如图8-1。

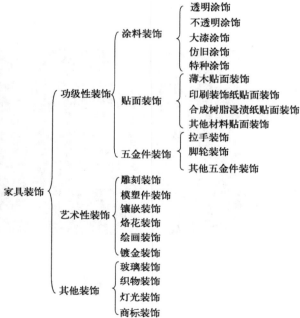

图 8-1 家具装饰方法

8.1.3 家具装饰的原则

家具装饰的形式和装饰的程度，应根据家具的风格和产品档次而定。对于现代家具而言，主要是通过色彩和肌理的组织对家具表面进行美化，达到装饰的目的。对于传统家具而言，主要是应用特种装饰工艺，有节制地对家具的某些部位进行装饰，体现出某种装饰风格和艺术特色。

8.2 功能性装饰

功能性装饰主要是涂料装饰和贴面装饰，以及五金件装饰。这些装饰方法不仅能增加家具外观的美感，更重要的在于它们能提高家具表面的理化性能和保护性能以及使用的方便性等。

8.2.1 涂料装饰

涂料装饰是将涂料涂布于家具表面，形成一层坚韧的保护膜的装饰方式。经涂饰处理后的家具，不但易于保持其表面的清洁，而且能使木材表面纤维与空气隔绝，免受日光、水分和化学物质的直接侵蚀，防止木材表面变色和木材因吸湿而产生的变形、开裂、腐朽、虫蛀等，从而提高家具使用的耐久性。涂料装饰主要有以下5类：

（1）**透明涂饰**

透明涂饰是用透明涂料涂布于木材表面，在其表面形成透明涂膜。透明涂饰不仅可以保留木材的天然纹理与色彩，而且通过透明涂饰的特殊工艺处理，使纹理更清晰，木制感更强，颜色更加鲜艳悦目。透明涂饰多用于名贵木材或优质阔叶树材制成的家具。通过染色处理，可以使某些低档木材具有名贵木材的固有色，实现模拟装饰，提高产品档次。

（2）**不透明涂饰**

不透明涂饰是用含有颜料的不透明涂料，如各类磁漆和调和漆等涂饰于木材表面。通过不透明涂饰，形成不透明涂膜可以完全覆盖木材原有的纹理和色泽。涂饰的颜色可以任意选择和调配，所以特别适合用于木材纹理和色泽较差的散孔材或针叶材制成的家具，也适合于直接涂饰用刨花板或中密度纤维板制成的家具。

（3）**大漆涂饰**

大漆又名生漆，是我国著名特产。大漆是一种天然树脂漆，具有独特的耐久性、耐酸性、耐水性、耐磨性和耐油类的沾污性。大漆对被涂物件的表面有较强的附着力，并且大漆漆膜坚硬、光亮，具有很强的装饰性，所以几千年来我们的祖先多采用大漆来涂饰许多物品。长沙马王堆汉墓出土的2000多年前用大漆装饰的漆器、漆几等仍完好如新。

虽然大漆涂饰的装饰效果较好，但大漆不耐强碱和强氧化剂的侵蚀，并且其干燥成膜的条件要求较高。同时大漆的施工工艺较繁琐、复杂，其材料来源又有限，所以大漆在现代家具涂装领域中使用仍有一定的限制。除了少数产区仍使用大漆装饰家具外，工厂批量生产中一般只用于供外贸出口的工艺雕刻家具和艺术漆器家具的装饰。

(4) 仿旧涂饰

仿古做旧涂饰工艺的基本特征是要求新制家具的涂饰表面具有看似已使用多年的"陈旧感"，通常在新涂饰的家具表面上刻意制作出有划痕、苍蝇叮过的黑点，凹陷处有积尘等仿古做旧的表面形态。这种涂饰常使用快干型的硝基漆，操作时先将基材涂饰成棕色或灰白色，经涂饰稀释后的硝基漆作保护基色的封闭涂层以后，再将半透明的棕黑色着色剂成点状不规则地洒落在漆膜上，形似经常被苍蝇等昆虫停留而留下的陈旧痕迹，这就是仿古的一种处理方法。然后再在其上涂饰透明底漆，砂光滑后再涂饰亚光面漆，并在凹陷的造型处还需擦涂棕色的蜡质，以示长期使用在家具凹陷处有较多积尘的状态。在有的家具面上还需作钉眼，敲痕处理。这种通过部分破坏家具表面涂膜面形态的方法来达到形似使用多时的仿古目的，以满足人们追求古朴、怀旧的理念。

(5) 特种涂饰

直接印刷涂饰：俗称模拟印刷或印刷木纹涂饰。它是在木质工件表面上直接印刷或仿真涂饰类似贵重木材或大理石等颜色和花纹的工艺。其成本低、工艺简单、花纹多样。但真实感、立体感较差。常用于低档木家具，以及建筑、车辆、船舶等内部装饰材料的制造。

热膜转印涂饰：俗称转印木纹或烫印木纹涂饰。它是在木质工件表面上用木纹薄膜（或箔）进行高温转印或烫印出类似贵重木材或大理石效果的工艺。工艺简单、成本低、花纹美丽多样。但与实木或薄木贴面装饰比较，其缺乏真实感和立体感，多用于中、低档家具的装饰。

抛光涂饰：在面漆涂层实干后需进行研磨、抛光。目前常用此方法进行木家具装饰，效果独特。

8.2.2 贴面装饰

(1) 薄木贴面装饰

用珍贵木材加工而得的薄木贴于被装饰的家具表面，这种装饰方法就叫薄木贴面装饰。这种方法可使普通木材或人造板制造的家具具有珍贵木材的美丽的纹理和色泽。这种装饰既能减少珍贵木材的消耗，又能使人们享受到少有的自然美。

根据加工工艺和装饰特征的差异，常用的薄木有3种：一种是用天然珍贵木材直接刨切得到的薄木，称为天然薄木（图8-2）；另一种是将普通木材刨得的薄木染色后，将色彩深浅不一的薄木依次间隔同向排列胶压成厚方材，然后再按一定的方向刨切而得的薄木，称再生薄木，再生薄木也具有类似某些珍贵木材的纹理和色彩；还有一种是用珍贵木材的木块按设计的拼花图案先胶拼成大方材，然后再刨切成大张的或长条的刨切拼花薄木，称之为集成薄木。薄木贴面装饰还可以进行各种拼花，使家具表面呈现更丰富的变化（图8-3）。

(2) 印刷装饰纸贴面装饰

用印有木纹或其他图案的装饰纸贴于家具基材——人造板或木材表面，然后用树脂涂料进行涂饰，这种装饰方法就叫印刷装饰纸贴面装饰。用这种方法加工的产品具有木纹感和柔软感，也具有一

图 8-2　天然薄木纹理

图 8-3　薄木贴面装饰的家具

图 8-4　拉手装饰的家具

图 8-6　传统家具上的五金件装饰

图 8-5　脚轮装饰的家具

图 8-7　泡钉装饰的沙发

定的耐磨性、耐热性和耐化学污染性，多用于中低档板式家具的装饰。

（3）合成树脂浸渍纸贴面装饰

合成树脂浸渍纸贴面装饰是用三聚氰胺树脂装饰板（塑料贴面板）、酚醛树脂或脲醛树脂等不同树脂的浸渍木纹纸、或聚氯乙烯树脂与不饱和聚酯树脂等制成的塑料薄膜等材料，贴于人造板表面或直接贴在家具表面。是目前国内外应用比较广泛的一种中、高档家具的装饰，其纹理、色泽具有广泛的选择性。

（4）其他材料贴面装饰

家具的贴面装饰除了应用上述材料进行贴面外，还可以用许多其他材料进行贴面装饰，如纺织品贴面、金属薄板贴面、编织竹席贴面、旋切薄竹板（竹单板）贴面、藤皮贴面等，可以使家具表面色泽、肌理更富于变化和表现力。

8.2.3　五金件装饰

五金件既是家具上必需的功能配件，同时又具有强烈的装饰性。从古到今，五金件都是家具装饰的重要内容。如在明代家具中，柜门的门扇上常用吊牌、面页和合页等进行装饰。这些五金件常用白铜或黄铜制作，造型优美，形式多样，给深沉色调的家具倍增光彩。对于现代家具来说，随着各种新型五金件的开发，五金件装饰更是家具装饰的重要内容之一。

（1）拉手装饰

用拉手装饰家具有悠久的历史。拉手对家具外观质量影响很大，特别在造型简洁的现代家具中，形式新颖、制作精细的拉手可成为整件家具的趣味中心，给人以美的享受。现在市场上用不同的材料加工的形式多样的拉手应有尽有，只要应用得当，对现代家具装饰便有画龙点睛的效果。图 8-4 为拉手装饰的家具。

(2) 脚轮装饰

脚轮的功能是移动家具和减少家具与地面的摩擦，脚轮可以其金属的光泽和优美的造型给现代家具以装饰作用。图 8-5 为脚轮装饰的家具。

(3) 其他五金件装饰

有些特别的铰链，如玻璃门铰链，传统家具柜门上黄铜活页、面页、吊牌，还有沙发上的泡钉等，都具有显著的装饰作用，如图 8-6、图 8-7 所示。

8.3 艺术性装饰

8.3.1 雕刻装饰

雕刻是一种古老的装饰技艺，早在商、周时代我国的木雕工艺就达到了较高的水平。目前我国各地的古建筑与古家具上，就保存有许多传统艺术性雕刻，如龙凤、云鹤、牡丹等雕刻纹样，这些纹样在构图、缩尺及能见度等方面体现出了我国劳动人民的杰出智慧。在 18 世纪的欧洲，当时风行的家具雕刻中有雄狮、蟠龙、鹰爪、兽腿、神像和花草纹等图案，使家具装饰艺术达到了一个辉煌的时期。

家具的雕刻装饰按雕刻方法与特性分类，有线雕、平雕、浮雕、圆雕、透雕等。

(1) 线雕

线雕也称凹雕，是在木材表面刻出粗细、深浅不一的内凹的线条来表现图案或文字等的一种雕刻方法（图 8-8）。

(2) 平雕

平雕是一种将衬底铲去一层，使图案花纹凸出的一种雕刻方法。平雕也有花纹图样凹下的，如同线雕，只不过凹进较浅而已。平雕的所有图案花纹都与被雕刻木材的表面在同一平面上（图 8-9）。

(3) 浮雕

浮雕也叫凸雕，是在木材表面刻出凸起的图案纹样，呈立体状浮于衬底面之上，较之平雕更富于立体感。浮雕图案因在木材表面凸出高度的不同而分为低浮雕、中浮雕和高浮雕三种。在木材表面上仅浮出一层极薄的物象图样，且物象还要借助一些抽象线条等表现方法的浮雕叫低浮雕；在木材表面浮起较高，物象接近于实物的称为高浮雕；介于低浮雕与高浮雕之间的为中浮雕（图 8-10）。

(4) 圆雕

圆雕是一种立体状的实物雕刻形式，可供四面观赏，是雕刻工艺中最难的一种。这种雕刻应用较广，人物、动植物和神像等都可表现，家具上往往利用它作为装饰件，尤其是作为支架零件（图 8-11）。

(5) 透雕

透雕又叫镂空雕，是将装饰件镂空的一种雕刻方法。透雕又可分为两种形式：在木板上把图案纹样镂空穿透成为透孔的叫阴透雕；把木板上除图案纹样之外的衬底部分全部镂空，仅保留图案纹样的称为阳透雕（图 8-12）。

几乎任何木材都可以雕刻，但以木质结构均匀细密的木材最为适宜，如属于硬木类的红木、花梨木、黄檀、紫檀、核桃楸、香樟木等，硬度适中的色木、荷木、柚木、桦木、椴木等。近年来，由于人造板技术的迅速发展，家具基材日益广泛，中密度纤维板也是一种适于机械雕刻的应用广泛的家具用材。

雕刻工艺既有手工的，又有机械的。机械雕刻可采用上轴式铣床、多轴仿型铣床和镂锯机等。上轴式铣床可用于线雕、平雕或浮雕；多轴仿型铣床可完成较复杂的艺术仿型雕刻；镂锯机能加工各种透雕。现在，从国外引进的电脑控制的多功能镂铣机床可加工出非常复杂的雕刻装饰零部件，为家具雕刻工艺机械化创造了良好的条件。图 8-13 为运用综合雕刻形式装饰的中国传统家具，靠背为透雕，冒头及扶手为圆雕，正面下方为浮雕。

图 8-8 线雕装饰

图 8-11 圆雕装饰

图 8-9 平雕装饰

图 8-12 透雕装饰

图 8-10 浮雕装饰

图 8-13 多种雕刻形式的综合运用

8.3.2 模塑件装饰

模塑件装饰就是用可塑性材料经过模塑加工得到具有装饰效果的零部件的装饰方法。过去常用的简单方法是用石膏粉浇注成型，用于家具表面装饰。现在广泛应用聚乙烯、聚氯乙烯等材料进行模压或浇注等成型工艺，既可以生产雕刻图案纹样附着于家具主体进行装饰，也可以将雕刻件与家具部件一次成型。模塑装饰既具有雕刻件同样精确的形状，而且可以仿制出木材的纹理与色泽，是运用机械手段批量生产传统家具的有效方法。图8-14所示为模塑装饰件与模塑件装饰的家具。

8.3.3 镶嵌装饰

先将不同颜色的木块、木条、兽骨、金属、象牙、玉石、螺钿等，组成平滑的花草、山水、树木、人物及各种题材的图案花纹，然后再嵌黏到已铣刻好花纹槽（沟）的家具部件表面上，这种方法称为镶嵌装饰。木制品的镶嵌装饰艺术，在我国有悠久的历史，从各地发掘出来的古代金银和兽骨镶嵌的漆器等可以证明，在欧洲法兰西家具开始盛行镶嵌装饰时，我国的镶嵌艺术已经有了相当的发展。当时制作镶嵌的材料不仅有动物的骨骼、金属和玉石，而且在色彩处理上也很讲究。我国古代善于用对比手法，以衬托出镶嵌件的艺术形象。如著名的宁波镶嵌（嵌骨）家具，就具有富丽明朗、雍容大方的风格。

过去，在传统家具上，多用嵌木装饰，就是利用各种木材本身不同的材色和纹理，拼合成各种各样的图形，然后嵌入家具部件的表面，以获得装饰的效果。嵌木的方法，可分为雕入嵌木、锯入嵌木和贴附嵌木3种，现在又开发出了铣入嵌木。

(1) 雕入嵌木

利用雕刻的方法嵌入木片。即把预先画好的图案花纹的薄板，用钢丝锯锯下，把图案花纹挖掉待用。另外将被挖掉的图案花纹转描到被嵌部件上，用凹雕法把它雕成与图案薄板一样的深度（略浅些），并涂上胶料，再嵌入已挖空的图案薄板内。待胶料干固后，加以刨削或研磨，就成了一幅非常雅致的木版画。

(2) 锯入嵌木

原理与雕入嵌木差不多，不过它是利用透雕方法把嵌材嵌入底板，因此这种嵌木是两面均具装饰性的。制作方法是先在底板和嵌材上绘好完全相同的图形，然后把这两块板对合，将图案花纹对准，用夹持器夹住（也可以在嵌材上绘好图案、对准方向，暂时固定在底板上面），再用钢丝锯将底板与嵌木一起锯下，然后把嵌材图案嵌入底板的图案孔内（图8-15）。嵌入时应加胶料。假如嵌木仅用一面，锯时，锯身可稍偏侧一些，使断面略成倾斜状，以利于拼合时容易拼准。

(3) 贴附嵌木

实际上是贴而不嵌。就是将薄木制成图案花纹，用胶料贴附在底板上即成。这种工艺已为现代薄木装饰所沿用。

(4) 铣入嵌木

由于镶嵌工艺加工比较复杂，不适应现代化工业生产要求，故已很少用在家具的装饰上。现在大多用铣入嵌法，即将底板部件用铣床铣槽（沟），然后把嵌件加胶料嵌入。同时在形式上、题材上也作了一些改进和简化，大多用纵横线条。如现代家具上的嵌金线条（电化铝条）及嵌烫金花纹板条等，这些都是镶嵌装饰的表现形式。

图8-14 模塑装饰件与模塑件装饰的家具

镶嵌珐琅宝座　　　百宝嵌衣柜

图8-15 镶嵌装饰的家具

8.3.4 烙花装饰

当木材被加热到150℃以上时，在炭化以前，随着加热温度的不同，在木材表面可以产生不同深浅的棕色，烙花就是利用这一性质获得的装饰画面。烙花可以用于木材表面，也可以用于竹材。烙花在古今中外均有过广泛的应用。

烙花的方法有笔烙、模烙、漏烙、焰烙等方法。笔烙即用加热的烙铁，通过端部的笔头在木材表面按构图进行烙绘。可以通过更换笔头来获得不同粗细效果的线条。模烙即用加热的金属凸模图样对装饰部位进行烙印。漏烙即把要烙印的图样在金属薄板上刻成漏模，将漏模置于装饰表面，用喷灯或加热的细砂，透过漏模对家具表面进行烙花。焰烙是一种辅助烙法，是以喷灯喷出的火焰对烙绘的画面进行灼燎，可对画面起到烘托渲染的作用，使画面更富于水墨韵味。

烙花对基材的要求是纹理细腻、色彩白净。最适于烙花装饰的国产树种是椴木。图8-16为烙花装饰的柜子。

8.3.5 绘画装饰

用绘画装饰，古今中外早已经有之，中国传统家具多采用线描彩绘，用简单的色彩在深色的家具表面描绘各种动植物或几何图案，常有国画的构图效果。如今绘画装饰就是用油性颜料在家具表面徒手绘制，或采用磨漆画工艺对家具表面进行装饰。现多用于工艺家具或民间家具。对于简单的图案，也可以用丝网漏印法取代手绘。在意大利文艺复兴时期的家具中，上层人士常请名画家为自己的家具绘画装饰，装饰画也就是著名的美术作品。在现代仿古家具中，用绘画装饰柜门等家具部件均有广泛应用；儿童家具也常采用喷绘的画面进行装饰。图8-17与图8-18分别为中国传统装饰和现代绘画装饰的家具。

8.3.6 镀金装饰

镀金即木材表面金属化，也就是在家具装饰表面覆盖上一层薄金属（图8-19）。最常见的是覆盖金、银和青铜。它可使木材表面具有贵重金属的外

图8-16 烙花装饰的柜子

图8-17 中国传统家具装饰

图8-18 现代绘画装饰的家具

图8-19 镀金装饰的家具

图8-20 描金装饰的家具

貌。加工方法有贴箔、刷涂、喷涂和预制金属化的覆贴面板等。另外还有描金装饰（图8-20）。

8.4 其他装饰

8.4.1 玻璃装饰

玻璃在现代家具中应用广泛，既有使用功能，又有装饰效果（图8-21）。在几类家具中可以作为几面，在柜类家具有中可以挡灰，又可以展示陈设装饰品。茶色玻璃和灰色玻璃具有现代感，带图案的玻璃更具装饰性。玻璃的应用可以大大丰富家具的色彩和肌理。

图8-21 玻璃装饰的家具

8.4.2 织物装饰

软包家具在现代家具中的比例越来越大，用织物装饰家具也显得越来越重要。织物具有丰富多彩的花纹图案和肌理。织物不仅可以用于软包家具，也可用于与家具配套使用的台布、床罩、帷帐等，给家具增添色彩（图8-22）。用特制的刺绣、织锦等装饰家具，则更具有装饰特色。同时还有各种皮革装饰更显家具的高贵（图8-23）。

图8-22 织物装饰的家具

8.4.3 灯光装饰

在家具内安装灯具，既有照明作用，也有装饰效果，这在现代家具中已屡见不鲜，如在床头上，衣柜的内部，或玻璃陈列柜顶部，均可用灯光进行装饰。应用灯光装饰时应对照明部位、遮挡形式、灯光照度和色彩进行精心设计（图8-24）。

图8-23 皮革装饰的家具

8.4.4 商标装饰

定型产品都得有商标和标牌，商标本身有一定的美感，能发挥一定的装饰作用。商标的突出不在于其形状和大小，主要在于装饰部位的适当和设计的精美。商标图案的设计要简洁明快，轮廓清晰和便于识别。以前商标的加工一般用铝皮冲压，再进行晒板染色或氧化喷绘处理。在现代家具中用不干胶黏贴彩印、烫金的商标装饰家具更为普遍。

图8-24 灯光装饰的家具

8.5 家具装饰要素

当前，家具生产正向专业化、自动化和标准化

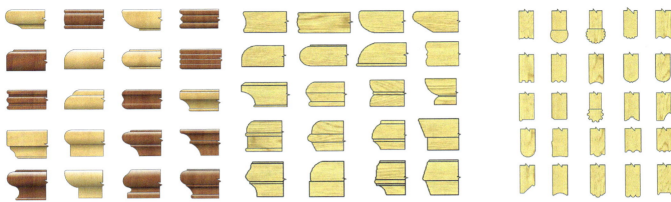

图 8-25　常见的装饰线型　　　　　　　　　　　　　　　　　　　　　　　　　　　图 8-26　常用旁脚线型

方向发展。要实现专业化、自动化的大批量生产，就要求家具线条简洁、朴实，而在这种前提下，我们如何在家具的造型中适当地运用各种装饰手法，就显得尤为重要。这些装饰要素虽然在产品的整个加工过程中所占比例一般较小，但对于丰富家具的造型，实现产品的多样化具有十分重要的意义。家具的装饰要素通常有如下一些形式：

8.5.1　线型与线脚

（1）线型

为了丰富家具的外观形象，可以把家具的面板、顶板、旁板等部件的可见边缘部分设计成型面，即我们常称的线型装饰。进行线型装饰的家具部件多为餐台面板、茶几面板、写字台面板及各类家具的顶板、旁板等。家具中所处不同部位的不同部件对装饰线型的要求也各异，顶板、面板的顶面线及旁板的旁脚线，处于外观的显要部位，所以对线型的要求应讲究些。有时为使顶板、面板显得厚重，可加贴实木条使线型加宽。底板的底脚线可以简单些，以便于加工。常见的装饰线型如图 8-25 所示，图 8-26 为常用旁脚线型。

（2）线脚

线脚是一种在门面上用对称的封闭形线条构成图案达到美化家具的装饰方法。线脚一般以直线为主，在转角除配以曲线，通过线脚的变化与家具外形相互衬托，使家具富于艺术感。线脚的加工形式多种多样，常见的方法有雕刻或镂铣，镶嵌木线、镀金线或金花线，局部贴胶合板等。图 8-27 为线脚装饰门面的家具示例。

8.5.2　脚型与脚架

（1）脚型

脚型是指家具底部支撑主体的落地零件，脚型即脚的造型。家具的脚型设计直接关系到家具的造型美和紧固耐用性能。柜类家具的脚型在家

图 8-27　线脚装饰门面的家具

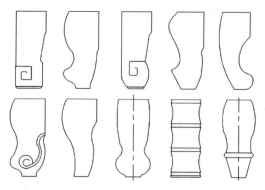
图 8-28　脚型装饰的家具

图 8-29　统一脚型的成套家具

图 8-30　采用装饰性脚架的家具

具形体中所占比例虽小，但可以使家具显得轻盈并使形体异于上部而显得活泼。在设计与制作中应着重注意造型在家具上的稳定感与结构合理性，不能片面追求"奇"、"巧"，否则将会降低家具的实用性。椅凳、几案类家具的脚型在家具形体中所占比例较大，形式可以丰富多样，因此更富于装饰性，是该类家具的重要装饰要素。图 8-28 为脚型装饰的家具。

在家具设计中，成套家具的配套特征除了用材料和涂装形式（色彩）来体现外，在很大程度上是以造型上的统一手法来实现的，其中最常用的就是统一的脚型。图 8-29 为统一脚型的成套家具。

（2）脚架

脚架是指由脚和拉档（或望板）构成的用于支撑家具主体部分的部件。拉档通常用于加强两腿（脚）之间的强度，也是结合四条腿的一种横向排列形式。图 8-30 为采用装饰性脚架的家具。

8.5.3　顶饰与帽头

（1）顶饰

顶饰是指高于视平线的家具顶部的装饰性零部件，多指柜类家具的顶部装饰。顶饰是柜类家具除门面线脚与脚架装饰之外的另一主要装饰形式，多反映出一件家具的造型风格，常见于西洋传统柜类家具，是西洋传统家具的重要装饰要素之一。图 8-31 为顶饰装饰家具示例。

（2）帽头

帽头是指家具框架部件上下两端的水平零件。作为装饰要素的帽头，这里特指框架上端的水平零件。帽头装饰多见于柜类家具的顶部、椅背顶端和床屏的上部，是丰富家具造型不可多得的一种装饰形式。图 8-32 为帽头装饰家具示例。

图 8-31 顶饰家具

图 8-32 帽头装饰家具

图 8-33 床屏装饰造型形式

图 8-34 椅背装饰

8.5.4 床屏与椅背

(1) 床屏

床屏是指床类家具端头连接支撑床挺的部件。床屏是床类家具的主要装饰部件，也是卧室家具中最重要最活跃的装饰要素之一。它的装饰形式往往决定卧室家具的装饰风格，也是卧室家具的视觉中心。床屏的造型千姿百态，装饰形式也丰富多彩。图 8-33 为床屏装饰造型形式示例。

(2) 椅背

椅背是指椅类家具中承受人体背部压力的部件。椅背的外形处于人们视线的显要位置，因而椅背的装饰形式对椅子的外观质量至关重要，同样功能尺寸的椅背可以有多种多样的椅背造型。图 8-34 为椅背装饰示例。

思考题

1. 家具装饰的类型有哪些？
2. 功能性装饰有哪些方法及各自的特点是什么？
3. 艺术性装饰有哪些方法及各自的特点是什么？
4. 家具的装饰要素有哪些？各自的装饰作用是什么？

第 9 章
家具产品的创新设计

9.1 家具产品创新设计的概念
9.2 新产品的创新决策
9.3 家具产品的创新设计技法

"设计的本质即在于创造"，创造前所未有的新颖而有益的东西。今天，我们正处于一个设计的时代，一个设计观念不断更新的时代。21世纪，作为后工业化之后的信息化时代，将是人类社会竞争日趋激烈而前景更令人神往的世纪，设计具有重大的历史使命。从某种意义上说，21世纪将是以设计决定胜负的时代。

回顾现代中国家具产业发展的历程，在经历了二十多年的持续高速发展阶段之后，中国家具产业正转向平稳发展的新时期。经过多年的发展，我国家具生产的技术水平已接近或达到家具发达国家先进水平。在这种态势下，在家具制造水平相当的情况下，国际家具业的竞争将突出地表现在设计方面，更确切地讲主要表现为产品创新设计能力的竞争。因此，家具的创新设计无疑将是中国家具业迈向世界家具强国前列的必由之路，也是家具企业的生命线，没有产品的创新设计，企业将停滞不前，失去活力。

"家具产品创新设计"是一个发展的概念，随着时代的发展，家具产品创新设计也被赋予新的内涵，除了传统意义上的产品创新设计（如：外观创新、结构创新、材料创新、功能创新等）外，还应包含"设计资讯手段"的创新，"设计管理"的创新，以及贯穿于家具设计过程始终的"家具营销方式的创新"（设计一种新的家具就是设计一种新的生活方式，未必会有家具生产商与设计者不考虑家具新产品的市场定位、家具卖点的设计和产品内涵的推介与导向）等等。

限于篇幅的原因，本章将主要就家具产品的创新决策、传统意义上的家具产品创新设计以及与家具产品创新设计相关的"时尚与前卫"、"生活方式"、"传统与创新"等方面进行探讨。

9.1 家具产品创新设计的概念

9.1.1 新产品概念与产品创新的含义

设计是"一种社会文化活动，一方面，它是创造性的，类似于艺术的活动；另一方面，它又是理性的，类似于条理的科学的活动"。家具设计的目的是为人类服务，是运用现代科学技术新成果和美的造型法则去创造出人们在生活、工作与社会活动中所需的一类特殊产品——家具。家具设计与一般的工业产品设计一样，是对产品的功能、材料、结构、形态（外观）、装饰形式等诸要素从社会的、经济的、技术的、艺术的角度进行综合设计，使之既满足人们的物质功能需求，又满足人们对环境功能与审美功能的需求。

新产品有狭义和广义之说，狭义的新产品指"首次在市场亮相的产品"，而广义的新产品指"在工作原理、技术性能、结构形式、材料选择，以及使用功能等方面，有一项或几项与原有产品有本质区别或显著差异的产品。"具体说来，新产品应是具有如下特性的产品：

（1）独创性的新型产品。如自19世纪以来相继出现的胶合弯曲木家具、塑料家具、玻璃纤维整体家具，充气、充水的家具等，均属独创性家具。

（2）外观造型有所改变的新产品。外形、色彩、肌理、装饰方法或其组合使产品外观发生显著改变的家具即属此类。

（3）具备新功能的现有品类的产品。如可调节台面倾斜度的电脑工作台相对固定台面即是一种新产品；又如增加健身功能与视听功能的家具等。

（4）采用新材料的产品。如采用弹性纤维材料做座面与靠背的不锈钢椅，相对于钢木椅和皮椅则是一类新产品。

（5）性能与结构有重大改进的现有产品。如相对单件配套的组合多用家具，以及相对于固定结构的拆装家具，都属于改进型新产品。

"产品创新"从词义上分析，"创"是初次开始做，而"新"则为初次出现的事物，性质上改变得更好更先进的内容。而"创新"则指某一事物或某种方法弃旧立新的行为或结果，同样也指人们所进行的创造性活动。产品创新设计就是指产品具有一定的创新性，也就是说，通过设计活动，使产品在某些方面，如第一次采用了或实现了过去从未有的新形式和新内容，产生了新的功能或效果，或者说在某方面有所创造发明。

"创造发明"作动词使用时，是指人们所从事的创造性活动本身，而作名词使用时，是指人们的创造性活动所产生的新事物和新方法的结果。《中华人民共和国专利法》第二条规定："本法所称的发明创造是指发明、实用新型和外观设计"。在专利法的实施细则中则更进一步阐明，"发明"是指产品、方法或其改进所提出的新的技术方案，而

"实用新型"是指产品的形状、构造或其结合所提出的新的适合于实用的技术方案。专利法所称的"外观设计"是产品的形状、图案、色彩或其结合所作出的富有美感并适合于工业上应用的新产品。

由此可见，家具的创新型产品，新的外观、新的功能、新的材料、新的结构等都可称之为家具产品的创新设计。

9.1.2 产品创新的法律意义

发明创造本属于一个技术范畴的概念，但是各国相继建立起专利制度以后，作为专利法的客体，发明创造便成了专利法所调整和保护的对象，因此，一切发明创造只有在取得专利以后才具有法律意义，才能受到法律的保护，而取得专利的条件又必须使设计具有新颖性、创造性与实用性。

（1）新颖性

世界公认的新颖性的含义是指在一定的时期和地区范围内，该发明创造是原有技术知识所不包括的、前所未有的、未被公知公用的内容。

所谓"公知"即通过书籍、报刊、杂志、专利公报，甚至缩微、录音、录像、电影、照片等任何一种方式，已经出版或公布的发明创造，一旦公知就已不具备新颖性。

所谓"公用"是指在商业、科学实验、教学或其他领域已被使用和销售，至于使用的规模和销售的范围，不作为衡量和判断新颖性的依据。

关于新颖性的地域范围，我国专利法采用的是有限的世界新颖性，即在世界范围内未被公知，在本国范围内未被公用的发明创造，就被认为具有新颖性。

关于新颖性的时间界限，我国专利法规定以申请之日作为标志，即规定在提出申请之日前没有被公知公用的发明创造，就被认为具有新颖性。

（2）创造性

创造性是指发明创造在提出专利申请时，比已有技术先进，具有独创性，不是本行业中一般水平的技术人员所容易做到的，能够产生更好的效果。如果它与同一技术领域的现有技术比较平庸无奇，不能提供更为先进的技术方案，即使未被公知公用，也不具创造性。

（3）实用性

实用性是指该发明创造具有能在产业上制造或使用的可能性。一般创新设计的家具产品或制造家具的新工艺方法，均具有重复制造和重复使用的可能性，均可视为具有实用性。实用性的另一含义是有益性，一方面是指该发明创造在应用中不会产生消极效果，另一方面是指在实际应用中带来的良好的社会效益。

9.1.3 产品的外观专利

（1）产品的外观设计

产品的外观设计指工业产品的造型、图案等方面的设计。

（2）符合外观设计专利的条件

① 物品性：不能脱离具体产品。
② 具有形状、图案、色彩三要素及其组合。
③ 富有美感并适于工业上应用。

（3）外观设计专利的保护对象

外观设计专利的保护对象是指：与产品结合为一体的所有工业产品的外观设计。

（4）授予外观设计专利必须具备的条件

要授予外观设计专利必须具备以下2个条件。

① 形式条件

形式条件须由专利申请者提交申请书、说明书及其摘要和权利要求书等文件给专利局并获审查批准。

② 实质性条件

工业性：产品必须符合工业化的生产过程，且能大批量（50件以上）的重复生产制作。

新颖性：应当同申请日以前在国内外出版物上公开发表过（即具世界新颖性）或国内公开使用过的外观设计不相同或不相似。此处，"相同"指物品相同且外观设计（具国内新颖性）相同；"相似"指物品相同而形状、图案、色彩三要素相似，或物品相似且三要素相同，或物品相似且三要素也相似。

创造性：同申请日以前已有的同类产品的外观相比，该外观有明显的实质性的特点和显著的改观。

我们设计的家具产品只要具备了上述实质性条件就可向国家专利机构申请专利保护。

9.2 新产品的创新决策

9.2.1 整体产品的概念

整体产品应包括实体产品与无形产品两个概念。实体产品指具备某种功能的物质实体。如床、沙发、椅子等是具有支承人体功能的物质实体；无形产品则指产品的售后服务等。

整体产品还包括3个层次：

(1) **核心产品**

满足消费者提出的最基本需要，代表了该产品的实质内容，即产品的主要功能、核心利益，是一个抽象概念。

(2) **形式产品**

指满足消费者需要的具体产品形式，如产品的材料、结构、款式以及品质、品牌、包装等。

(3) **附加产品**

指消费者在购买该产品时得到的各种附加服务或利益，如送货、安装、保修等售后服务，是无形产品。

综上所述，整体产品概念即：产品＝消费者需求。因此，在开发新产品时，设计人员应以以上3个层次分别考虑和设计产品。

9.2.2 产品属性决策

产品为消费者提供的核心利益是由有形产品来承担，产品的属性决策主要是有形产品决策，其内容如下：

(1) **质量决策**

目前，产品的质量正日益受到消费者和厂家、企业的重视，如我国各地均设有消费者协会，有"质量万里行"活动等，许多企业通过"提高产品质量"这一途径增加了市场占有率和利润。

产品的质量决策有两方面的含义：

① 产品的质量决策对工程技术人员是技术标准和技术要求。例如，对木制柜类家具的质量标准有：表面涂饰理化性能、强度、耐久性、功能尺寸和外观质量5个方面的要求。漆膜的理化性能不仅与涂料质量有关，而且与施工工艺及施工工场地环境有较大关系，同时与木质基材表面含水率高低有关系。有了标准就有了组织生产的依据，产品的质量才能得到保证。

② 产品的质量对消费者来说主要是指产品的使用性能要求。如对家具产品的使用寿命、功能尺寸、外观质量等，不同层次的消费者会有不同的要求，因此设计人员应对市场行情有充分的了解才能作出正确的质量决策。

(2) **有形产品的品牌决策**

品牌作为一个名词术语，是图案、标记、符号或它们的相互组合，是卖方为自己规定的商品名称。它由名称、标志、商标三者构成：

名称——指一个名词，如联邦、兴利、曲美、华源轩、圣奥、澳珀、美克、蓝鸟等。

标志——指符号、图案、文字、色彩等。

商标——法律术语，经政府有关部门依法注册后受法律保护享有该商标专用权，它是企业的一项无形资产。

品牌是广告的基础，没有品牌的产品就无广告而言，品牌不仅有助于顾客识别产品，而且有助于企业树立起自己的产品形象与企业形象，有助于企业推出新的产品，同时它还保护企业的合法竞争。

企业为其产品选择、规划品牌名称、标志，向有关部门登记注册商标的全部活动称为"品牌化"。品牌形象的定位，其运作在于企业自身，目标是以消费者为争取对象，其实质则是企业间心智的较量。在进行品牌决策时，一般有如下形式：

① 全公司的不同产品使用同一品牌

使用同一品牌的优点在于：充分利用品牌形象不断积累的好处，在同一品牌下不断推出新产品，大大节省每次推出新产品的促销费用，并充分显示企业经营产品品类齐全的实力，所以多为著名大公司采用，但也有不利的一面，如某次推出的新产品令人失望，可能会影响整个企业的声誉。

② 企业的不同类产品分别冠以不同的品牌

使用单独品牌的优点在于能更贴切形象地展现产品的特征，虽然每次推出新产品的费用、风险较大，但如果新产品销路不畅，也不会影响原产品的品牌声誉；当企业同时经营档次、品质相差甚远的产品时，尤应使用单独品牌，以帮助消费者识别产品。其缺点是：企业分散了精力和投资，较难创立名牌。

(3) **包装决策**

用于保护产品的外包裹物或容器称为包装。它也是整体产品的一部分，具有保护商品的使用价值，传递产品形象与企业形象，引起消费者注意，起促销作用等功能。

产品的包装决策主要有以下内容：

① 确定包装所采用的材料与尺寸。

② 设计包装的形式与印刷版式，如包装物的色彩、图案、品牌标志、文字说明（产品特性）等。

要注意的是，包装上的商标、广告语等应符合国家有关法律的规定，如应遵守《中华人民共和国广告法》、《中华人民共和国商标法》等。

（4）确定产品特色

家具产品可被赋予许多功能特色以提高产品档次，如在床头板上增设舒适的真皮软靠和电话，给躺椅装上按摩器使之具有保健功能等。给家具增添新特色是企业提高产品竞争力的有力手段，但如何发现新特色，又怎样确定给产品增加什么样的新特色，关键在于企业在消费者购买其产品后，定期与他们联系（如质量跟踪卡等），询问他们是否还希望为其产品增加新功能、新特色？增加哪些功能特色？他们愿为此付多少钱等等。通过消费者的信息反馈，企业将会得到丰富的资料，企业将消费者对各种特色的评价与增加这些功能特色带来的生产经营成本进行比较，最后对哪种功能特色是值得增加的进行决策。

9.2.3 产品组合决策

大多数企业提供给目标市场的都不是单一种产品，而是多项产品，因此就有个产品组合问题。所谓产品组合，即一个企业向市场提供的所有产品，通常由若干产品线或产品品目组成，我们也称其为经常范围或经营结构。"产品线"指相互关联，以类似的方式发挥功能，售给同一类顾客群，主要是规格、款式、档次有所不同的一组产品，我国通常称之为产品大类。如柜类、沙发、钢椅等。"产品品目"指产品线内不同品种、质量、价格的特定产品。

产品组合决策，主要从4个方面作决定，即广度、长度、深度和相关性。

产品组合的广度：指一个企业经营多少种不同的大类商品。多则广，少则窄。

产品组合的长度：指企业产品组合中产品品目总数的多少。多则长，少则短。

产品组合的深度：指产品线中每一产品品目有多少种规格、花色，如某种造型的餐台有3种规格2种表面涂饰方法，则其深度为 2×3=6。

产品组合的相关性：指各产品线在最终用途、生产条件和所需技术、分销途径或其他方面相互关联的程度。

企业的产品组合决策，实质就是从以上4个方面进行拓展或收缩。一般认为，增加产品组合广度，扩大经营范围，可发挥企业各方面的潜力，获得差异化、多角化经营的优势，分散经营风险；增加产品线长度和产品组合的深度，可扩充每一产品线中的产品品目，增加产品的变化，满足更多消费者有差异的需求，占领同类产品更多的细分市场，吸引更多的消费者；加强产品组合的相关性，则可相对简化经营过程，从而降低费用，又可大大提高企业在相关领域内的声誉和地位。

具体的产品组合调整策略可大致归纳为：

① 延伸产品线：又可分为3种形态：向上延伸、向下延伸和双向延伸。主要是从商品档次的角度着眼。向上延伸，即原以生产低档品为主的企业，增加高档产品品目。向下延伸则是原以生产高档品为主的企业，增加低档产品品目的生产。

② 扩充产品组合：即增加产品线，或扩充产品品目。目的一般或是为增加销售进而增加利润，或是为利用过剩的生产、经营能力，或是为阻止竞争者进入，或是为满足经销商吸引更多顾客、扩大销售的要求。

③ 缩减产品组合：与扩大产品组合的做法相反。主要发生在经济不景气，原料或能源供应紧张，或企业经营遇到财力不足困难时。缩减产品组合可使企业将有限的资源用于改造保留的产品线，加强专业化，以减少资源占用，降低成本，加快周转，处理得好同样能提高企业竞争力。

9.3 家具产品的创新设计技法

家具产品的创新设计技法千变万化，种类繁多。但总的来看，可归纳为2大类型，即"改良设计"和"原创设计"。

"改良设计"，也称之为"二次设计"，是企业和设计师的一项经常性的设计工作。所谓"改良设计"即是对现有家具产品（陈旧的或存在不足的）进行整体优化和局部改进设计，改进产品的结构、功能、外观或材料，使之更趋完善以适应新的市场需求，提升家具的品质与价值。一般说来，改良设计贯穿于某件（套）家具产品从创意构思到营销直至废弃回收的整个生命周期之中。

"原创设计"，顾名思义，"原"即是最初、起始，而"创"即是创始、首创。"原创"即强调事件在时间上的"初始"性质,也重视"创造"的性质。因此,"原创设计"相对"改良设计"就是一种创造性的全新设计,它既是首次出现又与其他设计具有显著区别。不具备"最初"的特点,就是"抄袭";原创设计应比其他设计有较大或本质上的区别,否则就是"模仿"。设计的价值主要体现在创造的经济价值。审美价值和信誉价值等方面,它必须满足人们在物质与精神两个层面上的诉求。因而,在市场经济条件下,基于商业目的的原创设计占据了设计活动的核心地位,同时它也是一个具有明确目的性和预期结果的创造性活动。适合消费者审美心理、功能要求和其他消费目的的区别于他人的创新设计均可定义于原创设计的范畴。"联邦"家具、"澳珀"家具等是中国原创设计的典范。可以说,原创设计是设计师创造能力与智慧的最高体现形式。

随着社会的发展,科技的进步,人们的创新设计思路层出不穷,但无论如何变化,都是采用上述两类设计方法中的一种或二者兼具。

9.3.1 家具造型的创新

家具造型具有影响消费者购买倾向最直观的作用力,因而家具在造型上的创新则是产品创新设计最有效的途径之一。

造型是一种基于使用功能要求下的富于变化的创造性造物手法。造型的三要素包括:形态、色彩、肌理。其中,形态是核心,色彩和肌理是依附于形态的。"形态"包含两层含义,即"形状"和"神态"。"形"通常指物体的体貌特征,是物质在特定条件下可见的外在表现形式,如"方形"、"圆形"即是描述"形"的。"态"则指物体内在呈现出的不同精神特征,是蕴藏于物体内的"精神状态",如"稳重"、"轻巧"、"简洁"、"流畅"等就是描述"态"的。形状是可见的,具有客观性,而神态则是内在的,往往具有主观性色彩,所谓"仁者见仁,智者见智"。在家具造型设计中,我们既要塑造家具美的外形,同时赋予一个适合其美的神态。

(1) 基于形式美创造基本原理的形态创新

形式美创造的基本原理或形式美的一般规律,主要指"比例与尺度"、"统一与变化"、"对称与均稳"、"稳定与轻巧"、"对比与协调"、"节奏与韵律"等既相互矛盾又相互联系、相辅相成的对立统一的形式美法则。对立与统一是矛盾双方有机地体现在一件作品之中,没有对比只有统一则单调乏味,只有对比没有统一则会显得杂乱无章。矛盾体双方有机结合,共同作用,在统一中求变化,在变化中求统一,在对立与统一的过程中创造美的形式。

在家具形态的创新设计中,我们应灵活运用形式美法则,跳出定式思维,破旧立新,创造出令人耳目一新的家具新形象(图9-1~图9-4)。

(2) 模拟与仿生——源于自然的形态创新

在人类用设计来改善生存环境的初级阶段,人类多是以大自然的各种事物的形态为模拟与仿生对象进行设计的。模拟与仿生的对象可以是大自然中的植物花草,也可以是人或动物的形态,甚至还可以是古堡等建筑物的形态。从远古时期的叶形锯齿刀到植物造型装饰的古罗马柱式,从安妮女王椅纤巧秀美的椅腿到仿动物内脏充气结构的充气沙发,

图9-1 造型丰富多变的客厅多功能组合柜

图9-2 造型简洁新颖的客厅多功能组合柜

图9-3 全新造型的软凳

图9-4 2010年科隆家具展面世的可旋转沙发

还有雅则梅田（Masanori Umdea）设计的系列花形椅等，无一不是模仿自然的杰作。

在不违反人体功学原则的前提下，运用模拟与仿生的手法，借助生活中常见的某种形体、形象或仿照生物的某些特征，进行创造性构思，设计出神似某种形体或符合某种生物学原理与特征的家具（图9-5～图9-8），是家具形态创新设计的一种重要手法。

（3）色彩与肌理——源自生理、心理需求的形态创新

色彩学研究成果表明，物体给人的第一印象首先是色彩，其次是形状，最后才是质感。色彩的感觉是通过光所刺激产生的一种视觉反应，在日常生活中它能给人丰富的联想，不同的人对色彩的喜好是不同的。家具的装饰色彩主要通过家具材料固有色、保护性涂饰色、覆面材料装饰色、五金配件的工业色彩等获得。

肌理（或称材质）是物体表面的组织构造，它能细致入微地反映出不同物质的材质差异。家具用材丰富多彩，家具肌理随之千变万化，不同质感的组合可丰富家具的观感效果。

利用色彩与肌理的变化来达到家具造型创新是众多创新设计技法中相对简捷的一类技法。运用此类技法取得成功的家具创新案例很多，例如广州国际家具展上"志达"家具的一组沙发设计就采用了不同色彩、图案的面料创造出了同一形状的3种不同的外观形态（图9-9）。近年来，采用不同方向木材纹理进行的木皮贴面拼花装饰的板式部件（如柜门、台面等），以藤编材料、雕花装饰木板镶嵌于柜门板面的装饰方式（图9-10）等等，都是利用材质肌理变化的创新设计。

9.3.2 家具功能的创新

功能是任何产品设计的第一要素，如果一件产品不具备一定的功能，就会失去其存在的价值，因为物就是要为人所驱使，为人提供便利，它将永远作为人造世界的基本目标和核心内容而存在。从功能方面考虑进行家具产品创新设计主要有3种途径。

（1）新的使用功能

与现有品类家具的功能有新的突破的家具产品，就可称该家具具备了新的使用功能。这类产品的出现就是对人们全新生活方式的一种反映。如图9-11所示是一种可调节倾斜角度同时具备了视听功

图9-5 模仿带鱼造型的酒店家具

图9-6 模仿蟑螂外形的鞋凳

图9-7 模仿喇叭花造型的沙发

图9-8 模拟鸟巢的沙发

图9-9 沙发设计采用不同色彩、图案的面料创造出了同一形状的三种不同的外观形态

图9-10 采用雕花肌理进行柜门装饰的组合柜

图9-11 一种可调节倾斜角度同时具备了视听功能的全新床具

图9-12 新增了电脑台功能的会议排椅

图9-13 具有隐藏电脑显示屏功能的会议台

(3) 功能的延伸

即对家具的原有功能进行适当的延伸,以拓展产品的用途。例如,可电动调节倾角的以保持最佳舒适度的休闲沙发,可调倾角即是对传统沙发功能的延伸,当今流行的具有按摩功能的沙发也是如此。另外如图9-14所示,是一种将写字台功能扩展到临时会议台的新型办公家具,特别适应于小型企业使用。

9.3.3 家具材料的创新

材料是实现家具形态的物质手段,是功能与技术的载体。选用用材是家具设计中首先要考虑的问题之一。

"材质美是任何产品设计的基础,家具也不例外。"我们应超脱产品创新多从外观造型创新方面着手的思维定式。其实,我们可以从发现家具新材料或多种材料的综合运用等方面着手,以期达到创新的目的。因为新材料的运用必然带来产品结构形式的创新,多种材料的运用必然带来外观形式的变化,同时这些创新也必然伴随着生产技术的革命。

图9-14 将写字台功能扩展到临时会议台的新型办公家具

图9-15 活泼可爱的"懒汉椅"

图9-16 朱小杰设计的乌金木系列水晶几

能的全新床具;如图9-12所示的会议排椅,可将靠背翻起而新增了电脑台功能;又如在上海举行的亚太经合组织APEC会议,在与会国首脑举行高峰对话的会议室就专门设计了一种具备新的辅助功能的会议台,它将液晶显示屏隐藏于台面下,此时的台面与普通台面无区别,当需要使用显示屏时只需按一个开关显示屏即可从台面下伸出,类似的产品也出现在2010年的Orgatec德国科隆的办公家具展上,如图9-13所示。

(2) 功能的组合

该方法是将各种相关联的功能通过精心构思,巧妙地、有机地组合在一件产品上,使之具备多功能。如将穿衣镜、衣帽架、存储柜组合在一起的门厅家具就是典型的多功能家具;还有目前市面上热销的多功能整体橱柜就将消毒、存储、备餐等多种功能集于一体。多功能在某种程度上来说具有促销作用,但有一点应指出,即功能越多产品越复杂,有时形式美将打折扣。

在现代家具产品设计上,通过材料创新达到产品创新目的方法主要有如下两类。

(1) 传统材料的新应用

传统材料的新应用即在充分认识并了解传统的家具用材及其特点的基础上,改变某些产品的一贯用材,而改用其他材料。如具有天然材质美的竹藤家具,它可用金属材料替代原来的竹(木)骨架,使传统的竹藤家具表现出一股现代时尚气息,既保持了其原有的材料美也增强其牢固度。泡沫材料相对于传统的家具材料而言是新材料,而天才的意大利设计师就将其作为一种家具材料而创造出了活泼可爱的"懒汉椅"(图9-15)。

在传统材料的新应用上,著名家具设计师朱小杰设计的一款乌金木系列的水晶几(图9-16),将茶几通常的木质腿用晶莹剔透的水晶玻璃材料加以替代,体现了现代科技材料与自然材料的融合,不但能让乌金木的斑纹肌理得到更好表现,而且将时尚气息赋予其中,二者交相辉映,相得益彰,可谓是传统材料新应用的经典之作。此外,2011年米兰家具展上西班牙CATASIFAS公司设计师将传统的尼龙材料应用于可供户内外使用的沙发制造(便于用水清洗),这也属于传统材料新应用的创新形式(图9-17)。

图 9-17 用传统尼龙材料制造的可供户内外使用的沙发

图 9-18 科技木饰面的茶几系列

当然也有不成功的案例,2001年中国(上海)国际家具展上有厂商推出了铁制的"明式家具",造型固然不错,但没有取得成功。这是因为设计师忽视了明式家具之所以能取得享誉世界的成就,除了其完美流畅的造型、严谨的结构外,其"自然生动的视觉肌理与质感"也功不可没,铁质家具自然无法与明式家具的天然质感相提并论。

采用此法的思维方式首推"反置法",即从事物相反的方面考虑,把人从固有观念中超脱出来而产生新的构思,如在设计中由硬想到软,由黑想到白,由高光想到亚光,由单色系列想到多彩系列,由此及彼,得到无限新创意。

(2)新材料的应用

即利用材料科技新成果,将新型材料适时地用于新产品研发,或应用于传统的产品,使传统产品呈现出新的外观形象。如:木质人造板这种新材料的出现,就带来了家具品类的创新——板式家具的诞生。

"科技木"是近年国外研发的一种新的家具装饰材料,2005年米兰家具展上一家菲律宾厂商就展出了用科技木饰面的茶几系列(图9-18),造型简洁清秀,给人焕然一新的形象。

现在,欧洲家具制造业正研究将纳米技术应用于橱柜生产,不久的将来,用纳米技术生产的橱柜,污染物根本无法附着于家具表面,人们将不需对橱柜进行烦琐而劳累的清洁。由此我们推想,这一新材料也将用于实验室家具或医卫家具的制造。

9.3.4 家具结构的创新

结构是指产品各组成部分或零部件之间的接合方式。在这里,家具的结构创新包含两种形式:传统结构形式的移植与新的结构形式的应用。家具结构的创新往往源于人们新的审美方式(趣味)的产生、家具新材料的出现,或基于新的生产方式(技术)的变革。

(1)传统结构形式的移植

家具的传统结构形式主要为:实木家具的榫接合、板式家具的五金件接合以及金属玻璃家具的螺钉(栓)接合与焊接。

结构形式的移植,即是上述典型的传统结构形式在不同品类家具之间的借用和综合运用。如板式家具五金件接合形式在中国传统家具上的应用,就带来了传统家具工业化生产方式的一场革命,也因其可拆装而使运输、流通变得方便。如图9-19所示为"世纪博森"采用五金件连接件接合方式的传统家具。"澳珀"、"友联"、"三有"等都应用五金件接合方式生产传统实木家具。"猫王"家具(图9-20)也是将金属家具结构与板式家具结构综合运用取得成功的案例。

图 9-19 采用五金件连接件接合方式的传统家具

图 9-20 综合运用金属家具结构与板式家具结构的"猫王"多功能组合柜

图 9-21 采用了新的连接结构而获得多功能用途的椅子

（2）新结构形式的应用

新结构形式的应用即采用不同于上述典型的家具结构形式。新的结构形式的出现一般基于新材料、新技术的产生。20 世纪起源于北欧、风行于世界的胶合弯曲家具，其独特的结构形式就是基于新的胶合技术的出现而产生的。新技术、新材料的出现为通过结构形式创新达到产品创新提供了基础。

图 9-21 是意大利 2002 PROMOSEDIA 国际椅子展"年度最佳椅子奖"（The Chair of the Year）作品，它采用了一种新的连接件进行连接而获得多功能用途。图 9-22 和图 9-23 均是应用 20 世纪 90 年代中出现的一种新的无色透明高科技胶合材料而取得结构形式创新的玻璃家具，结构形式的突破进而达到了令人惊奇的效果——支承部件与台面不是通过五金件连接紧固，而是通过薄而透明的胶黏剂黏合连接。值得一提的是玻璃电视柜与可滚动的玻璃茶几还应映了现代人对求新求异审美情趣的诉求。

9.3.5　与创新设计相关的话题

（1）前卫设计与概念设计

前卫设计与概念设计均属创新设计的范畴。

前卫设计是现代派"前卫"艺术的一种设计手法，主要表现为新奇怪异的形态，如茶几面板为不规则形的原木板，几腿既有木质的，也有生锈的铁螺栓杆；在用材方面主张材质兼容；在用色方面不遵守配色规则等。它强调"个性解放"、"突出自我"、"特立独行"等。它属于一种重感性而轻理性的创新设计。

概念设计是由分析用户需求到生成概念产品的一系列有序的、有组织的、有目标的创新设计活动。它表现为一个由粗到精、由模糊到清晰、由抽象到具象，不断进化的过程，是原创设计初期实验过程中的阶段性成果。它是一种重理性的创新设计。

（2）生活方式与创新设计

生活方式是在一定的生产方式基础上产生，在

图 9-22 采用了无色透明胶合材料而取得结构形式突破的玻璃电视柜

图 9-23 采用了无色透明胶合材料而取得结构形式创新的玻璃茶几

诸多主客观条件下形成和发展的人们生活活动的典型方式与总体特征。家具在某种意义上说是人们生活方式的一种反映：榻榻米供人席地而坐，椅使人保持一种垂足而坐的姿态，吧凳让人有一种闲适如同"站立"的感觉。从这个角度来说，"设计家具就是设计一种新的生活方式"，设计一把椅子就是设计一种坐的方式，推而广之，我们设计一组新家具就是设计一种新的生活方式，如学习方式、休闲方式、进餐方式等。

反之，当人们的生活习俗发生变化而形成一种新的生活方式时，就为设计一类新家具提供了一种契机。例如，SOHO家具的出现就是为了适应信息时代SOHO一族新的工作与生活方式；背投电视的面世，使客厅家具的造型与组合形式发生了显著的变化，带来了客厅家具的一场革命；著名的米勒家具公司近年推出的"Leviiy Towcr"可调节桌面高度的办公台，就是为了适应白领职员高强度的工作方式，为消除长时间在办公台前处理公务引起的背部疲劳，轻按调节开关桌面即可随意升降，升高可站立工作，降低即可坐着办公。

就家具设计而言，我们与其说是家具设计改变了人类的生活方式，毋宁说是生活方式的不断改变为家具的创新设计提供了层出不穷的设计思路。现代生活节奏越来越快，人们的生活方式的改变日益加快，一个感觉敏锐的设计师应于生活方式发生微妙变化之时就能捕捉到一丝信息与灵感，进而适时研发出与潜在的新的生活方式相适应的一类新家具。因此，关注生活定能找寻到创新设计的素材与思路。

（3）文化传统与创新设计

传统是被历史所选择、确认的人类活动方式、过程、产品及其价值的客观存在，它表现为既定的物质存在、精神存在，以及两者交融的艺术存在。文化传统是民族优秀智慧的结晶和体现，是一个民族的灵魂和标志，是文化延续性的保证，是人们心理认同、文化认同的依据，是一个民族的精神家园。失去了民族文化的优秀传统，就失去了凝聚力和向心力。保护各民族的文化传统，保护文化多样性，已成为世界大多数国家的共识。

21世纪全球化进程的加速，对人类文明发展有着积极巨大的意义，同时也产生了不可忽视的负面影响，现代设计必须共同面对日益恶化的生态危机，共同面对地域文化的丧失，面对多元人类民族文化的继承和发展。

在当今设计领域，无论是建筑设计还是室内环境设计，抑或是家具设计，设计师都将面临一种既要继承传统文化又要不断创新发展的两难境地。文化没有创新就没有活力，没有交流就没有发展。

文化传统是现代设计巨大的艺术源泉，从设计的形式到精神内核，文化传统都将给予我们无穷的启示。在新的历史条件下，东西方文化的交融，现代设计文化的吸纳，都将为我们的家具设计文化注入新的内涵。家具设计师不仅要洞悉传统，还要审视现在与未来，与时俱进，寻求现代生活方式与传统人文精神的平衡点。我们的家具创新设计不能局限于单纯的形的塑造，而应从广袤的时空中寻找不同文化的理念、语义与形式要素，赋予文化以时代精神，设计出蕴含民族精神与美感的优秀家具。

现代设计作为人类智慧的创造性活动，创新是推动设计不断向前发展的不竭源泉。家具创新设计就是突破、变革、创造，就是打破旧的思维模式，开拓新的思维空间，为人类创造出新的艺术化的生活方式，提高生活品质。因此，为了提高中国家具的创新水平，家具设计师必须拥有强烈的创新意识与欲望，突破陈规，勇于探索，共同创造中国家具的美好明天。

思考题

1. 整体产品的概念包含哪些内容？
2. 什么是产品组合决策？
3. 什么是新产品与产品创新？
4. 什么是产品创新的新颖性、创造性和实用性？
5. 授予产品外观专利的必备条件有哪些？
6. 什么是原创设计和改良设计？
7. 家具产品创新设计的方法有哪些？

参考文献

[1] 胡景初，方海，彭亮．世界现代家具发展史 [M]．北京：中央编译出版社，2005．

[2] 刘文金，邹伟华．家具造型设计 [M]．北京：中国林业出版社，2007．

[3] 赵鑫珊．建筑是首哲理诗 [M]．天津：百花文艺出版社，1998．

[4] 赵鑫珊．人·屋·世界——建筑哲学与建筑美学 [M]．天津：百花文艺出版社，2004．

[5] 王世襄．明式家具研究 [M]．北京：三联书店，2007．

[6] 章海荣．生态伦理与生态美学 [M]．上海：复旦大学出版社，2005．

[7] 李敏秀．中西家具文化比较 [M]．长沙：湖南大学出版社，2008．

[8] John Morley．Furniture: The Western Tradition [M]．Thames & Hudson Ltd，London Date published: 1999．

[9] Semobach，Leuthäuser，Gössel．Twentieth-century Furniture Design [M]．Taschen，Cologne，2002．

[10] 汤军．工业设计造型基础 [M]．北京：清华大学出版社，2007．

[11] 张梅，等．色彩设计学 [M]．北京：化学工业出版社，2006．

[12] 安晓波，等．艺术设计造型基础 [M]．北京：化学工业出版社，2006．

[13] 冯涓等．工业产品艺术造型设计 [M]．2 版．北京：清华大学出版社，2004．

[14] 邓家褆，韩晓建，曾硝，等．产品概念设计——理论、方法与技术 [M]．北京：机械工业出版社，2002．

[15] 唐林．产品概念设计基本原理及方法 [M]．北京：国防工业出版社，2006．

[16] 林华．设计艺术形态学 [M]．石家庄：河北美术出版社，1997．

[17] 吴祖慈．产品形态学 [M]．南京：江苏科学技术出版社，1991．

[18] 丁玉兰．人机工程学 [M]．北京：北京理工大学出版社，2003．

[19] 李彬彬．设计心理学 [M]．北京：中国轻工业出版社，2002．

[20] 刘定之，胡景初．沙发制作 [M]．湖南：湖南科学技术出版社，1985．

[21] 张锡．设计材料与加工工艺 [M]．北京：化学工业出版社．2004．

[22] 徐明，苑文林．工业技术经济学 [M]．辽宁：辽宁教育出版社，1990．

[23] 唐开军．家具装饰图案与风格 [M]．北京：中国建筑工业出版社，2004．

[24] 王世襄．明式家具研究 [M]．三联书店（香港）有限公司，1996．

[25] 李宗山．中国家具图说 [M]．武汉：湖北美术出版社，2006．

[26] 赵子夫，唐利．外国古典家具文化艺术 [M]．沈阳：辽宁美术出版社，2001．

[27] 王双科，邓背阶．家具涂料与涂饰工艺 [M]．北京：中国林业出版社，2005．

[28] 菲莉丝·斯隆·艾伦，琳恩·M·琼斯，米丽亚姆·F·斯廷普森．室内设计概论 [M]．9 版．胡剑虹，等，编译．北京：中国林业出版社，2010．

[29] 莱斯利·皮娜．家具史：公元前 3000—2000 年 [M]．吴智慧，吕九芳，等，编译．北京：中国林业出版社，2008．